AFRIKA

René Gordon

AFRIKA

Der geheimnisvolle Kontinent

Weltbild

Titel der Originalausgabe
Africa – A Continent Revealed
Zuerst veröffentlicht 1980 in Südafrika von Struik Publishers Ltd.,
80 McKenzie Street, Cape Town 8001

Copyright © 1980 by Struik Publishers Ltd.

Genehmigte Lizenzausgabe für
Verlagsgruppe Weltbild GmbH, Steinerne Furt, 86167 Augsburg
Das Werk erschien in Deutschland erstmalig 1980 bei der
Landbuch Verlag GmbH, Kabelkamp 6, 30179 Hannover

Layout und Design: W. Votteler und W. Reinders
Umschlagmotive: Andrew Bannister/Struik Image Library, D. Wall,
Daryl Balfour/Anthony Bannister Photo Library,
W. Knirr/Struik Image Library
Gesamtherstellung: Firmengruppe APPL, aprinta Druck, Wemding

Printed in Germany

ISBN 978-3-8289-3168-8

2008   2007
Die letzte Jahreszahl gibt die aktuelle Lizenzausgabe an.

Einkaufen im Internet: *www.weltbild.de*

Bildnachweis
T. Bannister: 198, 201, 202, 207, 208, 211, 212, 213, 214, 215, 216,
218, 219, 224, 253 R. Berger: 49, 79 D. Blum: 1, 2, 9, 12, 50, 51,
54, 85, 89, 91, 92, 93, 94, 105, 121, 122, 161, 163, 251, 252
Camerapix/M. Amin: 115, 124, 136, 137, 138, 139, 140, 141, 148,
153, 154, 155, 156, 162, 164, 165, 166, 176 G. Chesi: 29, 57, 58,
59, 60, 61, 65, 66, 67, 68, 69, 70, 71, 76, 77, 78, 98, 99, 101, 107
G. Cubitt: 126, 142, 150, 151, 158, 160, 167, 168, 175, 178, 179,
182, 191, 199, 210, 221, 223, 226, 227, 229, 232, 233, 235, 254
P. Dandliker: 56 L. Dickenson: 8 A. Elliot: 236 S. Errington: 134
Explorer/G. P. de Foy: 43, 44, 157 B. Gérard: 31, 90, 125, 127, 131
D. Goldblatt: 239, 242, 243, 245, 246, 247, 248, 250 H. Gruyaert:
37, 39, 40, 41, 45, 47, 48 A. Hutchinson: 30, 52, 81, 88 O. Iten:
116, 117, 118, 119, 120, 123 P. Johnson: 181, 183, 184, 185, 186,
187, 188, 189, 194, 195, 196, 197, 200, 203, 204, 205, 206, 209,
217, 220, 222, 225 A. Jorgensen: 228, 244 M. Kaplan: 103, 132,
169, 170, 171, 172, 173 V. King: 38, 46, 113, 114, 147, 159, 177
G. Komnick: 238 C. Krüger: 18, 23, 24, 25, 26, 32, 35, 36, 64, 83,
95, 96, 106 Magnum/B. Barbey: 80, 82 Magnum/I. Berry: 100, 104
Magnum/Hopker: 129 Magnum/G. le Querrec: 62, 72, 73, 74
Magnum/Riboud: 42 T. McNally: 255 A. Moldvay: 128, 130
T. Nebbia: 4, 143, 174, 193 K. Nomachi: 10, 11, 17, 19, 20, 21, 22,
53 A. Papst: 33, 34, 75 G. Philippart de Foy: 55, 86, 87, 97, 102,
108, 109, 110, 111, 112 H. Potgieter: 230, 237 Schapolawow/
T. Nebbia: 6, 149, 152 Schapolawow/Schliack: 144, 145, 146
K. Siebahn: 3, 5, 7 C. Stede: 13, 14, 15, 16, 133, 135 P. Steyn: 180,
190, 192 A. Sycholt: 231, 234, 240, 241 S. Tondok: 27, 28, 63, 84

Inhalt

Berater

Professor Roy Siegfried ist Direktor des Percy Fitz Patrick Institutes für afrikanische Ornithologie an der Universität Kapstadt. Schwerpunkte seiner beruflichen Laufbahn und eigenständiger Forschungen lagen auf dem Gebiet der Meeres-, Süßwasser- und Landschaftsökologie. An der Fakultät für Ökologie und Verhaltensforschung der Universität Minnesota hatte er eine Gastprofessur inne, außerdem führte er Forschungen in Kanada und Europa durch.

Professor John Grindley lehrt Umweltkunde an der Universität Kapstadt. Als Ökologe sind seine Interessen- und Forschungsgebiete weitgespannt. Sie reichen von Problemen der Flußmündungs- und Küstengebiete bis zu antarktischer Ökologie. Sein beruflicher Werdegang umfaßt Forschungen verschiedenster Fachrichtungen, Landschaftsschutz und Museumsleitung. Er studierte und lehrte an Universitäten wie Kapstadt, Port Elizabeth, Southampton, Cambridge und Harvard und bereiste große Teile Afrikas.

Danksagung

Obwohl auf der Titelseite nur mein Name erscheint, waren viele Mitarbeiter an der Entstehung dieses Buches beteiligt. Wie der Dirigent eines Orchesters die Begabungen der einzelnen Musiker zusammenführt und zu exzellenter Klangfülle steigert, war ich in der glücklichen Lage, besonders gute Mitarbeiter für mein Werk gewinnen zu können.

Diejenigen, deren Begeisterung, Sorgfalt und Intellekt das Buch unverkennbar mitprägten, seien hier genannt, doch gab es noch viele andere, die mich auf die unterschiedlichste Art unterstützten.

Eine Sisyphusarbeit leisteten Ronit Baron und Dierdre Richards. Sie suchten nach Quellenmaterial zum Nachweis der dem Buch zugrunde liegenden These, die ich den Professoren Roy Siegfried und John Grindley verdanke. Sie brachten mich ursprünglich auf den Gedanken, wie wichtig und nützlich der Umweltschutzgedanke für ein solches Buch sein könnte. Professor Siegfried, den ich seit vielen Jahren schätze, hat mich immer wieder darin bestärkt. Professor Grindley brachte dagegen das Problembewußtsein und die Vorstellungen in das Buch ein, die nicht nur Ökologen in Afrika, sondern in der ganzen Welt mit so viel Sorge erfüllen.

Sharon Anstey half mir während der ersten – und wahrscheinlich schwierigsten – Phase, als wir darum rangen, wie die vorhandenen Ideen und das Bildmaterial aufeinander abzustimmen seien. Ihr ausgezeichneter Geschmack und ihre bestechende Denkweise waren mir eine unschätzbare Hilfe. In den folgenden Monaten des Schreibens und Nachforschens beriet und unterstützte mich Ronit Baron durch stetes Analysieren des bisher Entstandenen.

Auch viele andere stellten mir großzügig ihre Zeit und ihr Wissen zur Verfügung. Gwen Shaughnessys hervorragende Unterlagen über das Assuan-Projekt ergaben die Grundlage für die Abhandlung über den Nil. Professor John Parkingtons geschichtliche Zeittafel für Afrika half beim Zusammenstellen miteinander verknüpfter Ereignisse. Die genauen Kenntnisse über das Leben der Tuareg und ihre Wüstenheimat verdanke ich Dr. Andy Smith.

Besonderen Dank für seinen unfehlbaren Geschmack und sein Einfühlungsvermögen schulde ich Arnold Mathews, der das Buch herausgab und sich um die Präsentation von Text und Bildtiteln kümmerte.

Meinen Dank an alle Mitarbeiter verbinde ich mit der Hoffnung, daß das Buch ihnen gefällt und sie für ihre Mühen entschädigt.

Für etwaige Textfehler übernehme ich die volle Verantwortung, denn ein Orchester kann die Mängel seines Dirigenten nicht vertuschen oder für seine Fehler gescholten werden.

René Gordon, März 1980

Neue Ziele

Der afrikanische Kontinent bedeckt ein Viertel der Landfläche des Erdballs, jeder zehnte Erdenbürger ist Afrikaner. Wie wenig sagen jedoch verallgemeinernde Statistiken über das Leben der Menschen, über ihre Hoffnungen und Sehnsüchte aus. Fast die Hälfte des gewaltigen Festlands ist entweder unwirtlich trocken oder bedrückend feucht, besteht aus Wüste oder tropischem Regenwald, ist also unter allen Bedingungen menschlicher Besiedlung feindlich. Nur 3 Prozent der vorhandenen Fläche können als im eigentlichen Sinne fruchtbar gelten, weitere 8 Prozent sind es mit Einschränkungen. Entsprechend unterschiedlich verteilt sich auch die Bevölkerung des Kontinents, von der über 25 Prozent im Schulbesuchsalter sind. Wie sieht ihre Zukunft aus, die von neuen Einsichten in die Naturgegebenheit, von Bodenschätzen und dem Potential des Festlands abhängt?

Zu lange schon haben die technisch hochentwickelten Länder der übrigen Welt das Ansehen Afrikas durch Vorurteile verfälscht. Diese Zeiten sind jetzt vorbei. Wolstenholme hat recht, wenn er sagt, Afrika sei erst eben an den Start gegangen – etliche seiner Bodenschätze seien noch nicht gehoben und ließen viele Möglichkeiten offen. Darin liegt der wesentliche Unterschied, der Afrika bei den weltweiten Problemen der Übervölkerung, Umweltverschmutzung und rascher Erschöpfung nicht-erneuerbarer Bodenschätze eine Sonderstellung gibt. Natürlich kämpft auch Afrika mit dergleichen Problemen, und gerade darum kann man es nicht länger isoliert halten.

Bei genauerer Betrachtung stellt man fest, daß auch Afrika seine Grenzen hat. Seine Bodenschätze werden nicht ewig reichen, und – was viel schwerer wiegt – Afrika ist dabei, den Wettlauf mit sich selbst zu verlieren, weil die Wachstumsrate seiner Bevölkerung zu den höchsten der Welt zählt.

Bis zum Jahr 2000 wird sich Afrikas Bevölkerung verdoppelt haben. Selbst bei sofort und streng durchgeführter Geburtenkontrolle ist die zukünftige Elterngeneration bereits geboren. Wie wird Afrika dann seine Menschen nähren, schulen und erhalten? Wie soll es seine großen Reserven zum Nutzen aller einsetzen? Wie kann es sich vor dem Zugriff einer gierigen Umwelt schützen? Diesen Realitäten muß Afrika ins Auge sehen und erkennen, daß keine Zeit mehr für langwierige Versuche, soziale Experimente und halbherzige Aktionen bleibt. Afrika steht an der Schwelle einer neuen Zukunft.

Vieles von dem, was diesen Kontinent zur Zeit bestimmt, reicht in seine koloniale Vergangenheit zurück. Damals erachtete man das kulturelle Erbe

„Die Lage in Afrika scheint hoffnungslos zu sein, ist es aber nicht. In vieler Hinsicht schlägt der Kontinent seit Jahrhunderten zum erstenmal den richtigen Kurs ein. Wirkliche, positive Veränderungen machen sich bemerkbar. Aus Afrika kommen afrikanische Lösungen."

Lance Morrow in Time Magazine, *1992*

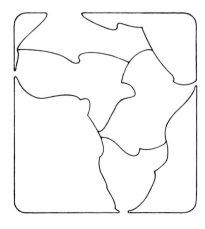

Afrikas als primitiv und begann bedauerlicherweise, alles Gewohnte gegen das Neue einzutauschen, was notwendigerweise zu Spannungen führte. Die traditionellen Gesellschaftssysteme Afrikas wurden von denen der technologisch führenden Länder übertrumpft, die, wie ihr materieller Erfolg zu beweisen schien, bessere Alternativen zu bieten hatten. Und zur Zeit dienen diese Alternativen ihren Vertretern noch ausgesprochen gut, denn Nordamerikaner wie Westeuropäer erfreuen sich eines materiellen Wohlstands, wie ihn die Welt noch nie zuvor gesehen hat.

Dennoch wächst die Einsicht, daß unser Planet einen derart überhöhten Konsum und eine so rücksichtslose Ausbeutung seiner Vorräte nicht mehr allzu lange wird ertragen können. Gier und Selbstsucht sind uns Menschen angeboren und behaupten seit jeher ihren Platz innerhalb unseres Arsenals an Überlebenstechniken. Doch es gibt auch andere wirkungsvolle Methoden, wie Afrika uns lehrt. Die Buschmänner im Trockenland der Kalahari und die Beduinen der Sahara haben sich kulturell so auf ihren Lebensraum eingestellt, daß Selbstkontrolle, soziale Beschränkung und Gruppeninteresse den individuellen Bedürfnissen übergeordnet sind. Das geschieht nicht aus Altruismus, sondern als Antwort auf die besondere Lebenssituation, in der solches Verhalten optimale Überlebenschancen bietet. Der Einwand, daß diese Alternativen nur für Menschen gelten, die in den kargsten Lebensräumen unserer Erde zu Hause sind, läßt sich leicht entkräften. In drei Jahrzehnten wird die Welt als Ganzes zu einem vergleichbar kargen Lebensraum geworden sein: Übervölkerung, Umweltverschmutzung, Ausbeutung der nicht-erneuerbaren Rohstoffvorräte und ein deutlicher Qualitätsrückgang bei den erneuerbaren Rohstoffen werden es dazu kommen lassen.

Afrika muß erkennen, daß selbst bei einer gleichmäßigen Verteilung seiner Schätze auf alle seine Einwohner für den Einzelnen niemals ein Lebensstandard erreicht werden kann, der auch nur annähernd mit dem der Amerikaner oder Westeuropäer vergleichbar wäre. Wenn das gegenwärtige Bevölkerungswachstum Afrikas anhält, werden die heute dort geborenen Kinder nicht einmal den Lebensstandard ihrer Elterngeneration erreichen.

Die augenblicklichen Bevölkerungsprobleme in Afrika sind eine direkte Folge aus dem Mißverhältnis von Geburten und Sterblichkeit sowie der Landflucht. Bis vor nicht allzu langer Zeit übte der Lebensraum Afrika selbst eine wirksame Kontrolle über das Bevölkerungswachstum aus. Tropenkrankheiten wie Malaria, Bilharziose und Flußblindheit waren schwächend und oft tödlich. Pest und Pocken rafften die Bewohner ganzer Dörfer hinweg. Selbst in den ersten Jahrzehnten unseres Jahrhunderts konnte sich glücklich schätzen, wer älter als 40 Jahre wurde. Die hohe Kindersterblichkeit ließ in jeder Familie nur wenige Kinder erwachsen werden.

So waren vor dem Erscheinen der modernen Medizin Geburten- und Sterberate in einer Weise ausgeglichen, daß es zu einem langsamen, wenngleich stetigen Bevölkerungszuwachs kam. Doch dann gelang es mit Hilfe der Medizin, Afrikas Tropenkrankheiten zu heilen und unter Kontrolle zu bringen und damit die Sterberate wesentlich zu verringern. Medizinische und hygienische Verbesserungen und eine anfangs auch bessere Ernährung ließen es dazu kommen, daß mehr Kinder überlebten und erwachsen wurden – und ihren Beitrag zu der nunmehr rapide wachsenden Bevölkerungszahl leisten konnten.

Zugegeben, auch die Medizin erlitt Rückschläge. Einige altbekannte Geißeln suchen den Kontinent mit abermaliger, vernichtender Kraft heim, während eine gänzlich neue in jüngster Zeit das Elend noch verschlimmert. Alljährlich sterben zwei Millionen Afrikaner an Tuberkulose, weitere Millionen an einer virulenten, gegen mehrere Heilmittel resistenten Malaria, Aids – erworbenes Abwehrschwäche-Syndrom – nimmt seit den mittleren achtziger Jahren zu und dezimierte bereits ganze Gemeinschaften in Ostafrika, in Zentralafrika selbst sowie im benachbarten Süden, während neuerdings auch die dichtbesiedelten Gebiete südlich des Limpopo gefährdet sind. Die Auswirkung dieser Krankheiten wird sich zwar zweifellos an Wachstumsraten ablesen lassen, sollte jedoch kaum entscheidend sein. Wie andere Lebewesen ist auch der Mensch unverwüstlich, den Geboten des gemeinsamen Daseinskampfes gewachsen, und die Vermehrung der Gesunden wird die Verluste ausgleichen.

Ebenso einschneidend und in ihren Folgen wahrscheinlich unwiderruflich wirkte die Landflucht. Im 19. Jahrhundert machte man in Europa ähnliche Erfahrungen, doch damals boten sich denen, die in die Städte

strömten, durch die industrielle Revolution wirkliche Alternativen. In Afrika dagegen gibt es keine wirtschaftlichen Möglichkeiten, die den Erwartungen der neuen Stadtbewohner entsprächen.

Noch vor weniger als hundert Jahren lebten die meisten Afrikaner als Selbstversorger auf dem Land. Von einigen Ausnahmen abgesehen, gehörte das System der Selbstversorgung zum überlieferten Lebensstil der Mehrheit. Die Verstädterung hat dieses System zerstört, dessen Vorteile man erst schätzen lernte, als es bereits unrettbar verloren war. Heute fehlen in den ländlichen Gebieten oft sogar die notwendigen Arbeitskräfte, denn nur Kinder und ältere Menschen bleiben in den Dörfern, während insbesondere die arbeitsfähigen Männer in den Städten nach Arbeit suchen, die es überhaupt nicht gibt, und die Frauen folgen ihren Männern.

Während des vergangenen Jahrhunderts bot die Entwicklung den Afrikanern kaum irgendwelche Möglichkeiten, sich mit den Vorteilen der Industriealisierung und den damit verbundenen Änderungen im ökonomischen Bereich vertraut zu machen. Auf dem gesamten Kontinent fehlt es an Unternehmergeist und technischen Fertigkeiten, um ein modernes, vielseitiges Wirtschaftssystem aufzubauen und zu erhalten. Angesichts der weitverbreiteten Arbeitslosigkeit muß als erster entscheidender Schritt eine angemessene Technologie gefunden – oder erfunden – werden, die der afrikanischen Realität Rechnung trägt. Sechs Männer mit Ochsenpflügen sind in dieser Lage sinnvoller als ein Traktor, der zudem importierten Kraftstoff verbraucht. Straßen sollten von Arbeitern mit Hacke und Schaufel gebaut werden anstatt von einer Maschine. Arbeitsintensive Verfahren schaffen Beschäftigung für viele Ungelernte und helfen, vorhandene Gelder besser zu verteilen. Zu lange schon ist Afrika ausgebeutet worden: in der Vergangenheit von den Kolonialmächten, heute von den Großmächten und der zahlenmäßig geringen eigenen Elite, die den Erlös in die eigene Tasche wirtschaftet.

Die größte Gabe des Menschen war stets seine Fähigkeit, sich den jeweiligen Gegebenheiten anzupassen. Doch bevor er den Versuch unternimmt, seine Probleme zu lösen oder Alternativen zu suchen, muß er klar erkennen, wo die Schwierigkeiten liegen und welcher Art sie sind. Dafür benötigt er eine gute Ausbildung, denn wer nicht einmal lesen kann, der hat keinerlei Zugang zu der zukünftigen Entwicklung.

Um den speziellen Bedürfnissen der Völker Afrikas dienen zu können, muß man Kompromisse schließen und nach neuen Zielen suchen. Die Ausbildung sollte jeweils so weit wie möglich auf die für ein Land typischen Tätigkeiten spezialisiert sein. Ein Kind, das später einmal in einer Textilfabrik einheimische Baumwolle verarbeitet, an einem Hochofen afrikanisches Erz einschmilzt oder als Landwirt zur Ernährung von Millionen beiträgt, benötigt im Augenblick keine abstrakte Allgemeinbildung.

Viele Antworten auf Afrikas Entwicklungsprobleme liegen jedoch nicht so sehr in der unbedachten Übernahme fremder Werte und Vorstellungen, als in einer realistischeren Einschätzung der eigenen Möglichkeiten. In Afrikas Vergangenheit, seinen reichen Kulturformen und seinen vielfältigen, komplexen Ökosystemen können sehr wohl wirkungsvolle Alternativen gefunden werden. Es bedarf der Geduld und Voraussicht, eines starken Glaubens und unfehlbaren Urteilsvermögens, wenn es gilt, die richtige Wahl zu treffen. Die Lösungen sollten die bestehenden Bedürfnisse weitgehend erfüllen und möglichst vielen Menschen das Bestmögliche bieten.

Auch die übrige Welt kann aus den Erfahrungen Afrikas lernen. Der Glaube daran, daß das Verstehen der Umwelt zu Harmonie und Gleichgewicht führt, ließ das vorliegende Buch entstehen. Dieser Gesichtspunkt war auch das Leitmotiv bei der Auswahl der Fotos, den Bildtexten und den im Gesamtkonzept vertretenen Ideen. Im Bildteil versuchten wir, die Großartigkeit und Mannigfaltigkeit afrikanischer Landschaften darzustellen, die vom Menschen noch wenig verändert worden sind. Auch Menschen erscheinen im Bild, doch sind es diejenigen, deren Lebensweise noch eng mit dem Boden verbunden ist. Komplizierte Ökosysteme werden aufgezeigt, die so lebenswichtig und zugleich von so schlichter Schönheit sind, daß alles menschliche Bemühen dagegen klein und unscheinbar wirkt. Während der Bildteil bewußt romantisch-nostalgische Züge trägt, sind Kapitel- und Bildtexte an Realität und Zukunft ausgerichtet.

Nordafrika

Das Wüstenmeer der Sahara beherrscht den Norden Afrikas. Nur wenige Menschen wagten die Durchquerung – die meisten setzten sich an ihrem Rand fest wie Fischer an den Gestaden des Ozeans. Jahrtausende-lang umgingen Jäger und Händler, Viehhirten und Krieger diese endlosen, in all ihren Erscheinungsformen menschenfeindlichen Weiten. Hier bestimmen von grobem Sand und Schotter bedeckte Ebenen das Bild, dort sind es blaßorange Dünen und öde Sandsteingebirge.

Allein die Tuareg und die Beduinen haben durch lange Anpassung gelernt, die Sahara als ihre Heimat anzusehen, ihre Unwägbarkeiten abzuschätzen und sich ihre kargen Angebote zunutze zu machen.

Die Sahara ist nicht nur völlig trocken und unfruchtbar, sondern zugleich ein Gebiet mit ungewöhnlich extremen Temperaturen. Tagsüber kann das Thermometer auf über 40 Grad steigen, nachts dagegen sind 0 Grad oder gar Frost nichts Außergewöhnliches. Außerdem weht monatelang der sengend heiße *Hamadas,* ein Nordostwind, der den Sand pausenlos über das Ödland treibt.

In diese Welt der Fatalisten und der Kamele sind bis heute nur wenige Menschen eingedrungen. Man hält sich dabei an die Oasen, die hier und da die Wüste beleben und baut Datteln, Gerste und Gemüse an, wo immer die Bewässerung dafür ausreicht. Händler führen ihre mit Salz, Tuchen und europäischen Waren beladenen Kamele über Karawanenstraßen, die seit über tausend Jahren dem Trans-Sahara-Handel dienen. Dennoch lebt die Mehrzahl aller Nordafrikaner in den Randzonen der Sahara: im Niltal, in dem schmalen nördlichen Landstreifen, der an das Mittelmeer grenzt und in dem Gebiet, das von den hohen, schneebedeckten Gipfeln des Atlas-Gebirges beherrscht wird.

Sahara bedeutet Wüste, oder besser: Wüsten, denn die Wüste hat viele Gesichter. Sicherlich gab es bereits in vorgeschichtlicher Zeit eine Sahara, doch unterschied sie sich in Ausdehnung und Lage von der heutigen. Forscher fanden deutliche Hinweise darauf, daß das Schicksal dieser größten Wüste der Welt seit vielen Jahrmillionen mit dem Wandel des Erdklimas verbunden ist. Das Alter des Wüstensandes der Sahara wird auf 60 Millionen Jahre geschätzt.

Am deutlichsten zeigte sich die Verknüpfung des Klimas der nordafrikanischen Wüstenregion mit klimatischen Veränderungen in anderen Gebieten während der jüngsten Eiszeiten, als die polaren Eiskappen wesentlich

„Wir scheinen die Fähigkeit verloren zu haben, die Fragen unserer Zeit zu durchdenken. Das ist rein äußerlich nirgends so offenkundig wie in Afrika, das jeglicher logischen Lagebeurteilung spottet.''

Peter Borchert in Africa: Environment & Wildlife, *1993*

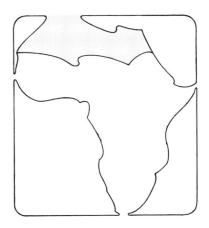

größere Ausmaße hatten als heute. Der Wechsel von Vormarsch und Rückzug der Eisgrenze wirkte sich nachhaltig auf die Sahara aus. So veränderte sie nicht nur ihre Größe, sondern auch ihre Lage im gleichen Rhythmus. Bevor Meereswasser das heutige Mittelmeerbecken füllte, tobten Wüstenstürme über den späteren Thunfischgründen vor Italiens Küsten.

Im großen und ganzen lag das Zentrum der Wüstenzone jedoch im nördlichen Afrika, was zu der weitverbreiteten Ansicht führte, die Sahara sei ein unüberwindliches Hindernis zwischen dem Mittelmeer und dem südlich der Wüste gelegenen Afrika. Der Nordrand der Sahara unterscheidet sich so offensichtlich von seinem südlichen Gegenstück, daß Wissenschaftler ihn eher zu Europa zählen und das eigentliche Afrika erst südlich der Wüste beginnen lassen. So entspricht die Vegetation im Bereich der afrikanischen Mittelmeerküste mit Pinien und Eichen, Olivenbäumen und Zedern völlig der europäischen, während Akazien und kurzlebige Gräser, Hartlaub- und Wolfsmilchgewächse für den Süden charakteristisch sind.

Die Sahara ist so riesig, daß ihre nördlichen und südlichen Randgebiete völlig unterschiedlichen Ökosystemen angehören. Im Süden geht die Wüste allmählich in die Tropenzone über. Dort bestimmen heftige, wenngleich sporadische Sommerregen und ein kühler, trockener Winter das Klima. Der Norden dagegen gehört mit seinen Winterregen und den heißen, niederschlagslosen Sommern zum mediterranen Bereich. Darin liegt der Grund für die so unterschiedliche Vegetation.

Die Veränderungen, die während der letzten 10 000 Jahre in der Sahara vorgingen, sind von vielen Seiten her untersucht worden. Die archäologischen Forschungen konzentrierten sich auf zwei Gebiete, die der Mensch der Frühzeit bewohnte, nämlich die Gebirge in der heutigen Zentralsahara und das Niltal.

Der größte Teil der Sahara besteht aus eintönigem, mehr von Geröll als von Sand bedecktem Flachland, aus dem zwei Gebirgsmassive beherrschend herausragen: das Tibesti-Gebirge und das Tassili-n-Ajjer. Archäologen machten Funde, die nicht nur beweisen, daß dort einst Menschen lebten, sondern auch deren Entwicklung von steinzeitlichen Jägern und Sammlern zu Viehhaltern belegen. Es gibt jedoch keine bessere Chronik über die frühen Bewohner der Sahara als ihre eigenen großartigen Felsmalereien und Zeichnungen.

Vor etwa 6 000 Jahren herrschten dort noch ganz andere Lebensbedingungen. Jäger stellten in einer Savannenlandschaft Giraffen und Oryx-Antilopen nach, und Vogelschwärme flatterten über flimmerndes Grasland.

Felsüberhänge im Tassili- und Tibesti-Gebirge boten dem Menschen Obdach, und die großen Antilopenherden auf den offenen Ebenen versorgten ihn mit Fleisch. Seiner Befriedigung über die erfolgreiche Jagd und die Freigebigkeit der Natur gab er durch künstlerische Gestaltung Ausdruck.

Heute wispert und heult der Wüstenwind durch die verlassenen Schlupfwinkel unter den Felsen. Gelegentlich ziehen Tuareg vorbei. Dann dringen wieder menschliche Stimmen durch die Stille der leblosen Wüste. Aber hier haben Menschen nichts mehr verloren.

Angesichts der jetzigen absoluten Trockenheit kann man sich nur schwer vorstellen, daß diese kahlen Berge einst im Schatten von Wacholder und Eiche lagen. Doch die Beweise stehen uns unwiderlegbar vor Augen, von überhängenden Felsen vor der sengenden Sonne geschützt.

Das älteste bisher entdeckte Bild ist eine Ritzzeichnung, die einen Elefanten im Profil zeigt. Spätere Arbeiten stellen Oryx-Antilopen, Strauße, Flußpferde und Krokodile dar, also Tierarten, von denen keine einzige mehr hier überleben könnte.

Doch dieser Zeitabschnitt war nur ein Zwischenspiel im geogeschichtlichen Werdegang der Sahara. Vor etwa 4 000 Jahren setzte nämlich die jüngste Veränderung ein, die schließlich zur Austrocknung führte. Mit dem erneuten Wachstum der Wüste und den dadurch bedingten Veränderungen in der Natur wandelte sich auch das Leben der Felsmaler. Die Wüste forderte nach und nach ihren Anteil zurück, Bäume und Gräser wuchsen immer spärlicher. Doch bis dahin war es dem Menschen gelungen, seine Überlebenschancen zu verbessern, denn als Viehhalter war er nicht mehr länger völlig von den Gaben der Natur abhängig. Der Wandel der Landschaft konnte ihn nicht aus dem Gleichgewicht bringen, denn noch gab es genügend Weidefläche, und seine Rinder wurden glatt und fett. Sein eigenes Wohlergehen fand Ausdruck in einem Höhepunkt künstlerischer Gestaltung. Der Mensch stellte sein eigenes Leben mit überschwenglicher Zuversicht in flüssigem, lebendigem Stil dar. Er zeichnete seine Rinder sorgfältig und malte sie in lebhafter Vielfarbigkeit aus.

Aber die Desertifikation, die „Ver-Wüstung", schritt unwiderruflich voran, und wie die Felsmaler die Zeit des Überflusses darstellten, bildeten sie auch den schrittweisen Verfall ihrer Umwelt ab. Starb das Singen der Vögel allmählich, als die Dürrejahre sich häuften? Hatte der Himmel nur noch vereinzelte Schauer zu vergeben, wo seine Regen früher die Erde durchnäßt hatten? Auf diese Fragen werden wir die Antworten wohl niemals erhalten.

Vor 2 500 Jahren gab es jedenfalls keine Hirtenvölker mehr im Tassili- und Tibesti-Gebirge, doch den Niedergang ihrer Kultur hielten sie bis zum Ende in Wandmalereien fest; sie sind durch einen den äußeren Umständen entsprechenden Stilverfall gekennzeichnet. Schließlich werden Krieger abgebildet, und mit Kamelzeichnungen endet die Zeit der Fruchtbarkeit in diesem Teil Afrikas.

Hirten erreichten niemals den Überfluß und die Sicherheit, deren sich Bauernvölker mit ihren gefüllten Kornspeichern rühmen konnten.

Das Wissen um den Anbau von Feldfrüchten – insbesondere von Getreide – stammt wahrscheinlich aus dem Zweistromland Mesopotamien und hat sich ohne Schwierigkeiten auf das Niltal übertragen lassen, denn die Naturgegebenheiten unterscheiden sich kaum voneinander. Zudem lag das Niltal ohnehin kulturgeographisch günstig, und Mensch und Tier nutzten seit langem diese natürliche Straße, um die ihnen feindliche Sahara zu umgehen.

Niemand weiß, wann der Mensch zum erstenmal Getreide im fruchtbaren Schlamm der zurückweichenden Nilflut aussäte, doch Archäologen stießen bei Assuan in Ägypten auf Gerstenkörner, die mit Sicherheit aus einer Ernte vor 17 000 oder 18 000 Jahren stammten.

Der Ackerbau im Niltal erwies sich wegen der hohen Erträge als lohnend. Die natürlichen Vorteile, die der Nil dem heutigen Ägypten bietet, müssen den Menschen früherer Zeit noch um ein Vielfaches wertvoller erschienen sein. Alljährlich versorgte der Fluß das Land nicht nur mit dem Wasser seiner Flutwelle, sondern auch mit einer Schicht fruchtbarsten Schlammes.

Der Nil – an seinem Oberlauf trägt er verschiedene Namen – entspringt in Ruanda und legt auf seinem nordwärts gerichteten Weg etwa 6 500 Kilometer zurück, bis er sich schließlich durch ein weitverzweigtes Delta ins Mittelmeer ergießt.

Ein großer Teil seiner Fruchtbarkeit stammt aus dem Sudd im Sudan, wo sich der Fluß zu riesigen, moskitoverseuchten Schilf- und Papyrussümpfen auffächert. Weiter flußabwärts kommen mehrere Nebenflüsse hinzu, deren größter, der Blaue Nil, den Mutterboden aus den äthiopischen Hochländern fortträgt.

Das Nilgebiet ist ein in sich geschlossenes Ökosystem, das sich im Laufe von vielen Jahrtausenden entwickelt hat und durch die eng angrenzende Wüste vom übrigen Afrika isoliert blieb. In diesem Gebiet hängt das Überleben des Menschen allein vom Fluß ab, und auf seine zuverlässige Fruchtbarkeit gestützt, brachten es die großen Königreiche zu Glanz und Blüte. Die Pharaonen müssen sehr genau gewußt haben, wie eng ihre Macht an den Nil gebunden war, denn seine jährliche Flutwelle sicherte die Ernte für das Volk und damit den inneren Frieden. In Dankbarkeit für seine Gaben verehrten sie den Fluß in der Gestalt von Hapi, dem Herrn der Feuchtigkeit und des steigenden Wassers, dem Garanten allen Lebens.

Mit der Zeit lernten die Ägypter, die Vorteile, die der Fluß ihnen bot, wirkungsvoller zu nutzen. Sie begannen, Felder zu bewässern, und erschlossen dadurch immer mehr Land dem Ackerbau. Der Bau von Wehren verhalf dazu, das schlammreiche Wasser länger aufzuhalten und es auf eingedeichte Felder zu leiten, damit es auch dort seine wertvolle Last abladen konnte.

Durch den Überschuß, den man dem Fluß verdankte, blieb reichlich Zeit, sich den Handwerken und der Technik zu widmen. Obwohl in manchen Jahren die ausbleibende Flutwelle zu Hungersnöten führte oder zu starke Fluten alles fortspülten, wuchs die Bevölkerung ständig.

Bei wachsendem Wohlstand und verfeinertem Geschmack begnügten sich die Herrscher des Nillandes nicht mehr mit dem, was ihr eigenes Tal an Schätzen zu bieten hatte, sondern suchten ihre zunehmend ausgefalleneren Wünsche aus anderen Quellen zu befriedigen. Während die Bauern damit zufrieden waren, ihr Land zu bestellen, das sie mit Nahrung versorgte, liebäugelten die Pharaonen und Noblen mit Luxusgütern von weither: Zedernholz aus dem Libanon und Gold aus den Bergen Nubiens.

Das Niltal allein konnte solchen Ansprüchen nun nicht mehr gerecht werden. Sklaven mußten her, um riesige Bauwerke zu errichten, Holz wurde gebraucht, um Prunkbetten zu bauen. Die Paläste und sich selbst schmückte man mit Elfenbein und edlen Metallen. Zunächst beuteten die Pharaonen das afrikanische Hinterland weiter nilaufwärts aus. Später, nach Einführung des Kamels, wurde auch der Weg nach Westafrika nicht gescheut. Der Historiker Basil Davidson beschreibt in dem Buch „The Africans: An Entry to Cultural History" (Die Afrikaner, Einführung in die Kulturgeschichte), wie ein vom Reisen erschöpfter Kaufmann aus Alexandria sich an einem Freitagnachmittag des Jahres 1100 v. Chr. in seinem Bad erfrischt und dann noch kurz vor dem Abendessen einige Zeilen an einen Geschäftspartner in Kairo schreibt:

„Ich bin gerade aus Almeria in Spanien zurückgekehrt. Ihr Geschäftsfreund im marokkanischen Fez schickte mir einen Barren Gold, der wahrscheinlich aus dem Sudan stammt, um Ihnen davon spanische Seide zu besorgen. Doch ich hielt das nicht für günstig, und sende Ihnen statt dessen das Gold. Gleichzeitig gab mir ein Bekannter Ihres Geschäftsfreundes etwas Ambra mit, das ich ebenfalls beilege. Er möchte dafür fünf Fläschchen Moschus von gleichem Wert haben. Bitte verkaufen Sie das Ambra sofort nach Erhalt des Briefes und kaufen Sie das Moschus, denn ich muß es sofort abschicken." Das war Ägyptens goldenes Zeitalter.

Doch zu jener Zeit gab es noch einen anderen Staat, der es auf Imperialismus und Ausbeutung abgesehen hatte. Jenseits des Mittelmeeres begann der Aufstieg Roms, das nach mehr Nahrung, mehr Sklaven, mehr Macht verlangte. Rückblickend wundert es nicht, daß es aus dem Gleichklang der Interessen heraus schließlich zum Zusammenstoß der beiden Staaten kam.

Rom beendete die Herrschaft der ägyptischen Dynastie und nahm die Reichtümer des Niltals in Besitz. Aber nicht Rom allein war für Ägyptens Niedergang verantwortlich, vielmehr hatte man die vom Nil gesteckten Grenzen des Wachstums erreicht. Weder römische noch ägyptische Herrscher erkannten, daß im Bevölkerungswachstum Ägyptens eine Bedrohung lag, die das Land in zunehmendem Maß der Armut und dem Hunger ausliefern würde. Die durch Roms Sieg erlittene Schmach zählte wenig gegenüber der Niederlage, die die Natur für Ägypten bereithielt.

Sowohl in Ägypten als auch in der restlichen Welt ist man sich erst seit kurzem der Gefahren der Übervölkerung bewußt. Noch in den 1940er Jahren entstanden Pläne zur besseren Nutzung des Nils, doch wäre der Versuch, die außerordentliche Bevölkerungszunahme Ägyptens unter Kontrolle zu bekommen, wesentlich sinnvoller gewesen. Seit dem zweiten Weltkrieg liegt das Bevölkerungswachstum hier mit 2,3 Prozent bedenklich hoch, und die für das Niltal errechnete Bevölkerungsdichte ist 1000 Menschen. Groß-Kairo allein hat über 16 Millionen Einwohner und wächst durch die in der Verelendung begründete Landflucht unaufhaltsam von Jahr zu Jahr.

Es gibt für Ägyptens Probleme keine Patentlösung. Auch der Nil kann nicht noch stärker genutzt werden, denn seine Leistungskraft hat, wie gescheiterte Pläne beweisen, ihre Grenzen erreicht. Der Assuan-Damm mag als Beispiel dienen, sollte er doch die Ernährung von Millionen Ägyptern für die Zukunft sicherstellen. Die überhöhte Geburtenrate blieb jedoch unbeachtet, und damit verschoben sich die Relationen erneut ins Negative. Der Assuan-Plan war keine Problemlösung, er war zu teuer und in jeder Hinsicht unzulänglich.

Raubbau an der Natur hat auch die nordafrikanischen Küstengebiete zugrunde gerichtet. Hier ist das Kulturland auf einen schmalen Streifen zwischen Mittelmeer und Sahara begrenzt, der an seiner breitesten Stelle zwar 300 Kilometer mißt, vielerorts aber zu einem dünnen grünen Band zusammenschrumpft. Und doch war dieses Land einst die Kornkammer des Römischen Reiches.

Die Römer kamen nicht als erste hierher. Lange vor ihnen legten Stämme, die mit den Atlas-Berbern verwandt waren, in diesem Gebiet Ackerbau-Terassen und Weiden an. Da sie sehr behutsam in den Naturhaushalt eingriffen und das Land nur dünn besiedelten, waren ihre Erträge lohnend. Trotz langer Siedlungszeit hinterließen sie kaum Spuren von Umweltzerstörung.

Dagegen begnügten sich die Römer nicht mit einer geringen Selbstversorger-Produktion, sondern hatten einen riesigen Bedarf an Getreide und Olivenöl, Wein und Obst. Sie verfügten auch über die notwendige Technologie, um das Letzte aus dem Boden herauszuholen. Den früher von den Berbern angelegten Terassen fügten sie neue hinzu, be- und entwässerten sie nach ausgeklügelten Plänen und führten das Wasser über eindrucksvolle und elegante Aquädukte heran.

Fast dreihundert Jahre lang beuteten die Römer Nordafrika aus. Während dieser Zeit galt es als offenes

Geheimnis, daß eine Versetzung in die Provinz Nordafrika wegen der großen Profitchancen der sicherste Weg zum Wohlstand war.

Doch die Gier der Römer war grenzenlos. So begannen sie, auch jene Randlandschaften unter den Pflug zu nehmen, die an die Wüste stießen oder höher in den Bergen lagen. In ihrem Landhunger rodeten sie sogar die Wälder, die einst die Hälfte des nordafrikanischen Küstenlandes bedeckt hatten. Nach dem Untergang des Römischen Reiches blieben nur die Berber zurück und bebauten das Land extensiv wie eh und je.

Im 7. nachchristlichen Jahrhundert wechselte das Land erneut die Besitzer. Arabische Eindringlinge folgten der Küstenlinie nach Westen. Sie trugen jedoch nicht nur das Banner des Islam, sondern suchten auch nach frischer Weide für ihre Schafe, Ziegen und Kamele. Notgedrungen zogen sich die Berber zurück, einige Stämme ins Atlas-Gebirge, andere in das Ödland der Sahara.

Die Folgen des mehrfachen Besitzwechsels ließen nicht lange auf sich warten, zumal die Araber Nomaden und Krieger waren, die von gut geführter Landwirtschaft ebenso wenig wußten wie von den Gefahren der Erosion. Ihnen galten allein die Weideflächen etwas, und wo die Römer einst Wälder gerodet hatten, um Felder anzulegen, weideten nun die Schafe und Ziegen der Araber und raubten dem Land den letzten Rest schützender Vegetation. Nun hatten Wind und Wasser leichtes Spiel.

Der Sensationshunger der Römer, den man in gewaltigen, blutigen Gladiatorenkämpfen befriedigte, hatte auf das Tierleben Nordafrikas katastrophale Auswirkungen. Heute findet man keinen einzigen Löwen mehr in den Gegenden, die früher auch Straußen, Antilopen und Geparden Lebensraum boten. Alle diese Tiere wurden gefangen und lebendig nach Italien verschifft, wo sie bei „Brot und Spielen" mit ihrem Tod zum Vergnügen der Massen beitrugen.

Große Teile der einst fruchtbaren Gebiete sind nun Ödland. Nachdem für so lange Zeit niemand der Erosion entgegentrat, ist die Wiedergutmachung des angerichteten Schadens äußerst mühsam und geht nur sehr langsam voran.

Die Berber fanden ihre neue Heimat kaum ergiebiger als die alte. Heute wohnen sie an den Hängen des Atlas-Gebirges und bearbeiten das Land entlang der Küste. Obwohl viele ihrer traditionellen Ackerbaumethoden durchaus umweltfreundlich sind, hat der steigende Nahrungsmittelbedarf das zur Verfügung stehende Land inzwischen dennoch erschöpft. Zu arm, um sich Dünger, Schädlingsbekämpfungsmittel oder moderne Ackergeräte leisten zu können, die die Erträge steigern würden, suchen die Bauern einen Ausweg, indem sie mehr und mehr Land an den Berghängen unter den Pflug nehmen. Außerdem wachsen die Familien ständig, und das Nutzland muß unter immer mehr Erben aufgeteilt werden. So geraten die Felder von Generation zu Generation kleiner, liegen weitverstreut und lassen keine wirtschaftliche Bearbeitung mehr zu. Der Aufwand, der zum Beackern dieser Felder nötig ist, steht in keinerlei Verhältnis zum Ertrag, und die gesamte Landbesitzstruktur verhindert jeglichen technischen Fortschritt.

Während die Berber im Atlas-Gebirge ein zunehmend unbefriedigendes Leben führen, erfreuen sich ihre Wüstenbrüder, die Tuareg, einer gewissen Unabhängigkeit. Diese dicht verschleierten Krieger ziehen auf Nomadenart mit ihren Herden am Wüstenrand entlang. Früher beherrschten sie die Karawanenwege durch die Sahara und verlangten Zoll auf alle Transitwaren. Aber der Trans-Sahara-Handel nimmt ohnehin immer mehr ab, und den Zoll kassieren jetzt – ungeachtet alter Gewohnheitsrechte – die Regierungen.

Wie die Berber haben die Tuareg den islamischen Glauben angenommen, und viele ihrer Raubzüge, die sie im Namen Allahs gegen Nachbarvölker unternahmen, brachten ihnen reiche Beute in Form von Sklaven und Kamelen.

Diese in indigofarbene Tücher gekleideten Krieger erhielten sich die charakteristischen Merkmale ihrer kaukasischen Herkunft wie z. B. die stahlblauen Augen dadurch, daß sie ausschließlich innerhalb der eigenen Rasse heirateten. Mit ihrer besonderen Identität bewahrten sie auch die ethische Grundauffassung, nach der eines Mannes Ehre sein größter Stolz und seine Gastfreundschaft die Garantie auch für das eigene Überleben ist.

Die Edlen unter den Tuareg behaupten, jede Art körperlicher Arbeit sei unter ihrer Würde, ihr Auskommen verdanken sie nicht unwesentlich ihren Fähigkeiten als Kamelzüchter. Während ihre Sklaven im allgemeinen in den Oasen zurückbleiben und dort die Äkker bestellen, deren Erträge die Edlen als Naturalsteuer erhalten, führen die Tuareg selbst das Leben, das ihnen am besten zusagt, nämlich als kriegerische Nomaden. Ihre jährlichen Wanderzüge beweisen eine erstaunliche Vertrautheit mit der Wüste. Milch bildet ihre Grundnahrung, die sie durch Wildpflanzen und Mehl aus Grassamen ergänzen. Wie sehr den Tuareg die Leistungsgrenzen ihrer Umwelt bewußt sind, zeigt sich am besten in ihrer Weidetechnik. Sie kennen die Gefahren der Überweidung und hüten sich davor, weil sie sonst für Jahre nicht an die gleiche Stelle zurückkehren könnten. Jeder nachlässige Umgang mit der Natur bedeutet zugleich den eigenen Untergang.

Das natürliche Gleichgewicht in der Sahara, dessen sich die Tuareg erfreuen, ist den meisten anderen Völkern Nordafrikas versagt, denn dieses Land gehört nicht zu den wirklich fruchtbaren und reichen Gebieten der Erde. An dem jähen Preisanstieg des Erdöls in den 1970er Jahren zeigte sich eindeutig, daß sich Lybien und Algerien nicht unbegrenzt auf ihre Lagerstätten werden verlassen können. Auch die Phosphatvorkommen in Marokko und Ägypten sind voraussichtlich in 50 Jahren erschöpft, und auf die Auffindung weiterer Bodenschätze in der Sahara besteht wenig Hoffnung. Selbst Pläne, die Wüste durch Bewässerung urbar zu machen, sind für die nächste Zukunft unrealistisch.

Es ist aber nicht der Wassermangel allein, der die Nutzung der Wüste beschränkt. Im allgemeinen geben auch die Böden selbst ohne kostspielige Düngung nichts her, denn der Wind hat seit Jahrtausenden jedes Krümchen kostbaren Mutterbodens fortgetragen und eine sterile Oberfläche zurückgelassen.

Nur die Natur selbst könnte die Sahara wieder ergrünen lassen, und das wäre für die ferne Zukunft durchaus denkbar. Wissenschaftler sprechen bereits vom Beginn einer neuen Eiszeit. Nachhaltige Klimaveränderungen haben in der Vergangenheit dazu geführt, daß Trockenflüsse wieder Wasser führten und sich in flache, fischreiche Seen ergossen. Warum sollten dergleichen Kräfte nicht wieder wirksam werden?

Die Völker Nordafrikas brauchen für ihre drängenden Probleme allerdings kurzfristigere Lösungen. Beängstigend schnell erschöpfen sie ihre Vorräte an Nutzland, Wasser und Bodenschätzen. Darüber hinaus hat die Last eines zügellosen Bevölkerungswachstums alle Entwicklungsansätze in Hinblick auf eine bessere Zukunft wie z. B. Veränderung der Wirtschaftsstruktur, technische Ausbildung und Selbstversorgung mit Nahrungsmitteln nachhaltig gehemmt.

Jedem der betroffenen Länder werden die Alternativen unverkennbar deutlich. Entweder man beläßt die Verteilung des nationalen Einkommens so ungerecht und für die wachsende Bevölkerung so völlig unzureichend wie bisher, oder man setzt vorhandene Mittel ganz gezielt ein, daß sie schließlich allen Nutzen bringen.

Armut und Unwissenheit haben bisher eine wirkungsvolle Senkung der Geburtenrate verhindert. Viele Nordafrikaner halten eine große Familie nach wie vor für die beste Versicherung gegen spätere Notfälle. Die Zukunft wird so lange düster aussehen, bis es den Regierungen durch Erziehungsmaßnahmen und gezielte Aufklärungsaktionen gelingt, die Menschen von den negativen Folgen des Bevölkerungswachstums zu überzeugen.

1 Rê, der Sonnengott des Alten Ägypten, verzaubert diese Statuen von Luxor mit den letzten Strahlen seines Glanzes, bevor es Nacht wird.

2 Kairos Mohammed-Ali-Moschee, auch Alabaster-Moschee genannt, liegt hoch über der lärmenden Stadt. Seit über tausend Jahren prägt der Islam das geistige Leben der meisten Ägypter, doch ihr irdisches Dasein ist seit Ewigkeiten vom Nil abhängig. Allein durch ihn kann dieses Wüstenland überleben. Zwischen Juni und September jeden Jahres kamen seine Fluten, überschwemmten die Niederungen und das Delta und schenkten dem Land fruchtbaren Schlamm. Diesem Umstand verdankt Ägypten die reichen Ernten, mit denen es seine ständig wachsende Bevölkerung nährt.

Der regelmäßige Zyklus des Flusses gab den Pharaonen zweifellos ein tiefwurzelndes Gefühl der Sicherheit. Sie wußten nur zu gut, wie sehr ihre Macht neben dem Gold auch vom Getreide abhing, und daß die Ernten unabänderlich mit dem Fluß verbunden waren. Doch der war ihnen nicht immer wohlgesonnen. Es gab Jahre, in denen die Flut ausblieb, und Jahre, in denen der Fluß wild und reißend über die Ufer trat. Beides brachte dem Land Hunger und Tod.

Gelehrte versuchten, diese Launen zu ergründen, ihre Zusammenhänge zu durchschauen und die Kraft, von der ihrer aller Leben so stark abhing, unter menschliche Kontrolle zu bringen und wirkungsvoller zu nutzen.

Und sie waren erfolgreich. Ihre Methoden verbesserten sich, die Ernten nahmen zu. Dennoch blieb die eigentliche Abhängigkeit von der Flutwelle des Flusses bestehen. In dieser Beziehung unterschied sich der Bauer vordynastischer Zeiten, der seine Saat direkt in den Schlamm des abziehenden Hochwassers legte, kaum vom Fellachen zu Beginn unseres Jahrhunderts. Spätere Generationen entwickelten Bewässerungssysteme mit Hilfe von Staubecken und konnten damit Gebiete unter den Pflug nehmen, die von der normalen Flut nicht erreicht wurden. Erst in neuester Zeit gelang es, die Wasser des Nils mit Staudämmen zu zähmen und so die Anbauperiode zu verlängern. Aber noch heute schöpft man mit primitiven handgetriebenen Göpeln, den Schadufs, das kostbare Naß eimerweise in Gräben, die zu Baumwollfeldern, Dattelpalmhainen und Aprikosengärten führen.

Solange der Fluß fortwährend ersetzte, was der Mensch entnahm, blieb ein Gleichgewicht erhalten, dessen vollendete Harmonie sich in der Bauweise, dem Glauben und der gesamten Lebensart der Ägypter widerspiegelte. Jahrtausendelang bemerkte niemand das drohende Ungleichgewicht, das dieses System in sich barg. Zwischen 1800 und 1950 nahm die Bevölkerung des Niltales um das Zehnfache zu, und erst in jüngster Zeit sehen vorausschauende Menschen ein, daß selbst ein so wohlwollender Lebensquell wie der Nil seine Grenzen hat, die inzwischen erreicht sind.

3 Der Handel beherrscht die übervölkerten Straßen Kairos. Zur Zeit leben fast 60 Millionen Menschen in Ägypten, von denen die Hälfte jünger als zwanzig Jahre ist. Wie soll diese Jugend geschult, ernährt und erwerbstätig werden?

3

4 6

5

4 Als Eigentümer eines Fernsehers und eines Kamels gilt dieser Kairoer als wohlhabend, doch bedeuten ihm auch seine Kinder Reichtum und gesicherte Zukunft.

5 Der Händler, der aus einem verzierten Behälter Erfrischungen verkauft, gehört als typische Figur zum pulsierenden Straßenbild Kairos.

6 Die Römer hätten es nicht gestattet, Kamele mit in die Innenstadt zu nehmen, denn deren durchdringender Geruch hätte die Pferde scheuen lassen und die Passanten belästigt. In Ägypten dagegen schätzt man das Kamel auch heute noch zu sehr, um es einer solchen Erniedrigung auszusetzen. Die Geschäftigkeit auf dem Kamelmarkt im Herzen Kairos ist ein schlagender Beweis für diese Einstellung.

21

7

8

7 Ein Sandsturm fegt über das Nildelta. Ein Fellache eilt nach Hause, und auch die Reiher suchen kauernd Schutz vor dem stechenden Sand.

8 Bewässerungskanäle durchziehen die Nillandschaft seit Pharaos Zeiten mit geometrischen Mustern. Im Laufe der Jahrtausende hatte man immer wieder erfolglos versucht, den Fluß mit seinen 6500 Kilometern Länge einzudämmen, aufzustauen, zu kanalisieren und seine Fließgeschwindigkeit zu vermindern. Erst im Jahre 1971 gelang es schließlich, in den einst unabänderlich erscheinenden Rhythmus des Flusses einzugreifen. Oberhalb von Assuan baute man einen Staudamm, der alle früheren Versuche weit in den Schatten stellte. Das aus den 1940er Jahren stammende gigantische Projekt wurde als die Lösung für Ägyptens drängendste Probleme gepriesen und sollte das Land voller Kühnheit ins 21. Jahrhundert führen.

Heutige Statistiken zeigen die vielen Fehler in der Planung auf, die das Bevölkerungswachstum als gleichbleibende Komponente ansahen. Man richtete alle Energien nur darauf aus, die künftigen Millionen zu ernähren und ihnen Arbeit zu verschaffen, anstatt gerade hier kontrollierend und beschränkend einzugreifen. Als die vier Kilometer lange Staumauer fertiggestellt war, hatte die Bevölkerung bereits um 30 % zugenommen und damit den für das Jahr 2000 vorausberechneten Stand erreicht ... der Zugewinn von 12 % Ackerfläche reichte schon längst nicht mehr aus.

Kostspielige Unzulänglichkeiten vermindern die Wirksamkeit des Assuan-Staudammes. Einige waren voraussehbar, andere nicht. Ursprünglich sollte z. B. Phosphatdünger auf den Feldern unterhalb der Staumauer den Verlust an natürlicher Schlammdüngung ersetzen, die sonst jede Flutwelle mit sich gebracht hatte. Aber vor 40 Jahren kostete Kunstdünger nur Pfennige – wer konnte schon voraussehen, daß Phosphate einen ähnlichen Preisauftrieb erleben würden wie das Öl?

Wie beabsichtigt, gewann Ägypten durch den Staudamm Ackerland, – wenngleich es sich nur um die Hälfte der erhofften Ländereien handelte – und durch ständige Bewässerung erzielte man jährlich zwei, ja sogar drei Ernten. Doch gerade in jenen Gräben, die den neuen Feldern das kostbare Naß zuführen, gedeiht die Bilharzioseschnecke wie nie zuvor. Von zehn der dort tätigen Landarbeiter leiden acht an dieser schwächenden, häufig todbringenden Krankheit, deren Zwischenwirt die Schnecken sind. Hier schätzt sich der glücklich, wer kräftig genug ist, drei Arbeitsstunden am Tag zu schaffen oder das Alter von dreißig Jahren zu erreichen. Bilharziose ist zwar heilbar, doch sind die Medikamente teuer und die Behandlungsmethoden bei den einfachen Landarbeitern kaum anwendbar. Dem Wasser beigefügtes Kupfersulphat könnte die Schnecken vernichten, doch dabei handelt es sich nicht nur um ein kostspieliges, sondern auch ein für die Umwelt möglicherweise verheerendes Verfahren.

Die Küstenfischer mußten erkennen, daß der Nilgott Hapi auch ihr Wohl bestimmt. Ihre Sardinenfänge gingen plötzlich um 95 % zurück, und die Thunfischnetze der Italiener am gegenüberliegenden Ufer des Mittelmeers blieben ebenfalls leer, da der Nil nicht wie früher die von den Sardinen benötigten Nährstoffe ins Meer spült und dadurch auch die Thunfische ihrer Beute beraubt. So weit erstreckte sich also der Bereich des Nils.

Der Assuanstaudamm schneidet den Fluß natürlich nicht gänzlich von seinem Delta ab, doch heutzutage ist seine Wasserführung nur sporadisch und auch wesentlich geringer. Ohne die Überschwemmungswelle, die eine gewaltige Fracht fruchtbaren Schlicks am Delta ablagerte, beginnt das Meer, das Land abzutragen, und während das Meer bei normaler Wasserführung vom Süßwasser hinausgedrängt wurde, dringt das Salzwasser nun unentwegt stromaufwärts, um den Boden zu verderben, dem Ägypten jahrhundertelang außerordentlich reiche Ernten verdankte. Das Salz wird auch die Bewässerungsgebiete unfruchtbar machen, denn die hohe Verdunstung hinterläßt schließlich nur noch eine dicke Salzkruste auf dem einst ertragreichen Boden. Um dieser Gefahr entgegenzuwirken, empfehlen sich Brunnen und Drainagesysteme, doch ist die Erstellung dieser Anlagen einmal außerordentlich teuer, zum anderen zwecklos, da sie letztendlich ebenfalls dem Salzwasser anheimfallen würden.

Der Hochdamm konnte die an dieses Projekt geknüpften Hoffnungen nicht erfüllen, und für Ägypten ergaben sich daraus eher Verluste als Vorteile. Zugegeben, unterhalb des Staudamms verbesserte sich die Schiffbarkeit des Flusses, auch die Überproduktion der durch Wasserkraft erzeugten Energie ist fast peinlich. Diesem Guthaben muß man jedoch viel zu viel zur Last schreiben: die Abtragung des Deltas, die verheerende Verbreitung der Bilharziose, die Vermischung der im Mittelmeer und im Roten Meer lebenden Arten (kein Süßwasser trennt sie mehr), die Verseuchung des Bodens und die nachhaltige Unterbrechung der Nahrungskette.

Folgende Seiten:
9 Die Wüste drängt sich dicht an den Nil heran und läßt nur einen schmalen fruchtbaren Streifen an beiden Uferseiten frei.

10, 11, 12 Dieser Mann aus der Zentralsahara hat ein über sechs Meter langes blaues Tuch zu der traditionellen, *fagilmust* genannten Kopfbedeckung gebunden. Weit schweift sein Blick über die Wüste (10), deren tiefste Geheimnisse schon seine Vorfahren kannten. Doch erst das Kamel machte den Handel über die Wüste hinweg möglich.

Das Kamel stammt aus Nordamerika. Über die vorzeitliche Landbrücke der heutigen Beringstraße kam es nach Asien. Beim allmählichen Vordringen durch diesen Kontinent paßte es sich an die Trockengebiete an. Selbst in der unbeschreiblichen Hitze des nordafrikanischen Sommers hält ein Kamel sieben Tage lang ohne Nahrung und Wasser aus und verliert dabei bis zu einem Viertel seines Körpergewichtes. Erreicht es dann eine Tränke, kann es innerhalb von zehn Minuten bis zu 120 Liter Wasser saufen. Diese erstaunlichen Mengen werden direkt vom Gewebe aufgenommen und nicht vom Blut, denn das würde den Blutkreislauf zu stark belasten. Jedes andere Tier ginge an so starker Austrocknung zugrunde.

In Nordafrika trifft man ausschließlich die einhöckerigen Dromedare, die allgemein geschätzt werden. Wer mit Kamelen umgeht, erträgt deren Launen mit Langmut, sieht geduldig über ihre Lernunwilligkeit hinweg und nimmt es gelassen hin, daß Nachkommenschaft sich nur langsam einstellt. Aber die Kraft dieses Tieres, seine schier unglaubliche Ausdauer und die nahrhafte Kamelmilch wiegen alle Unzulänglichkeiten auf. Breitfüßig schreitet das Kamel über steinige Ebenen wie auch über den heißen Dünensand (11). In Wolken treibt der Sturm die scharfen stechenden Sandkörner über die Wüste (12); dem Kamel macht das nicht viel aus, seine Augen sind durch besonders lange Wimpern geschützt, und die Nasenlöcher kneift es einfach zu. Als Nahrung genügt ihm selbst die zäheste und geschmackloseste Wüstenpflanze. So überrascht es nicht, daß der Mensch in Afrika dieses störrische, übelriechende, aber unersetzliche Geschöpf in seine Dienste nahm.

10
11

13, 14, 15, 16 Obwohl dem Kamel jeglicher Gemeinsinn fehlt, steht es doch im Mittelpunkt der langen, spannenden Geschichte des Karawanenhandels quer durch die Sahara. Noch heute folgen Kamelkarawanen (13) schwerbeladen mittelalterlichen Handelsrouten. Mögen sich Art und Wert der transportierten, oft sperrigen Güter mit den Zeiten geändert haben, eine Ware behielt stets ihren ungewöhnlich hohen Wert für die Menschen Westafrikas: das Salz.

Der Grund für diese Wertschätzung ist teilweise in den natürlichen Gegebenheiten des tropischen Westafrika zu finden, wo schwere Regenfälle laufend das Salz aus dem Boden spülen. Nicht nur die Menschen empfinden den Salzmangel, auch Tiere und Pflanzen brauchen Kochsalz und machen sich die nur spärlich vorhandenen Mengen streitig.

So ist eingeführtes Salz in Westafrika schon seit langem eine hochbezahlte Handelsware. Darüber hinaus behaupten viele Eingeborene, nur Salzstein aus Bilma und Taoudenni in der Zentralsahara sei das einzig „richtige" Salz.

Man sagt, wer einmal in den Salzbergwerken von Bilma arbeitete, kehre nie wieder zurück, und wer den Weg durch die Wüste wage, um dieses Salz zu kaufen, riskiere damit sein Leben. Aber die Aussicht auf Gewinn verleiht den Menschen Mut, und so gehen bis auf den heutigen Tag die Salzkarawanen regelmäßig auf ihre gefahrvolle dreimonatige Reise.

Die als zäh und opportunistisch geltenden Tuareg und Tubu (14) sind diesem Handel seit langem verbunden. Sie führen ihre Kamele auf Wegen, die weder sonderlich gut markiert noch mit häufigen Wasserstellen gesegnet sind (15). Eine einzige Karawane kann bis zu tausend Kamele zählen, von denen etliche nur Proviant tragen, während andere der Milchversorgung dienen. Einige überstehen die strapaziöse Reise nicht, die anderen aber kehren mit

30

schweren, rechteckig zurechtgeschlagenen Salzsteinen beladen von den Bergwerken in der Wüste zurück.

In den Marktflecken entlang des Niger und an den Ufern des Tschadsees machen die Karawanenführer ihr großes Geschäft, und niemals gehen ihnen die Käufer aus. Die Salzplatten werden zerschlagen, grob zerkleinert und dann wie kostbares Metall abgewogen (16). Es gab sogar Zeiten, da man Salz mit Gold aufwog.

Folgende Seiten:
17 Die Dattelpalmhaine und Hütten von Timimoun. Oasen beleben die bedrückende Einsamkeit der Sahara.

15

16

18 Die nomadischen Tuareg kennen viele solcher Wasserlöcher, die zwischen den Felsen verborgen oder am Fuß von Steilhängen liegen.

19 Der Islam, Allah und eine fatalistische Grundeinstellung geben den Menschen Kraft gegen die unbarmherzige Wüste.

20 Kleine Gläser und ein Töpfchen mit süßem, starkem Tee erwarten den Besucher. Nach der Begrüßung tauscht man Neuigkeiten und Höflichkeiten aus. Wie geht es Ihrer Familie? Hat Allah Ihre Reise gesegnet?

Das erste winzige Glas Tee bekommt der Gast. Danach werden die anderen Männer in der Reihenfolge ihres Ansehens bedient. Schnell ist der Topf leer, wird nachgefüllt und wieder geleert. Der Anstand verlangt, daß jeder der Männer drei Gläser des dampfend heißen, übersüßten Tees trinkt, an dem man sich ebenso genießerisch labt wie Europäer an gutem Wein. Viel später essen die Kinder voller Behagen die gezuckerten Teeblätter.

Dieses Ritual hat sich nicht zufällig entwickelt. Das Anbieten und Annehmen einer Erfrischung zeigt auch nach außen hin das enge Band der Freundschaft, das diese Männer in ihrer rauhen Umwelt verbindet. Jeder von ihnen kann stets auf die Hilfsbereitschaft der anderen rechnen.

Darüber hinaus wird das Überleben durch Gewohnheitsrechte gesichert, die an Wasserstellen besonders deutlich werden. Hier darf jeder seinen Teil fordern, aber nicht mehr. Eine Gesellschaft wie diese kann sich Neid oder Vorrechte nicht leisten, die zu Konflikten führen und damit die ohnehin unsichere Existenz noch stärker gefährden könnten.

21 Palmen beugen sich rauschend im Wind, der einen Sandschleier über die Oase Kerzaz zieht.

Folgende Seiten:
22 Südlich des Hoggar-Massivs liegt der „Garten der Hölle", ein so abschreckendes Felsgebiet mit Geröllhalden und sturmverwehten Sanddünen, daß selbst die Tuareg es meiden. Aber die Sahara war nicht immer Wüste. Menschen der Vorzeit jagten dort Oryx-Antilopen und Giraffen, Elefanten und Flußpferde tummelten sich an flachen Seen. Wie man erst seit kurzem weiß, trocknete das Land schrittweise aus. Dieser Vorgang stand in direktem Zusammenhang mit der wechselnden Ausdehnung der polaren Eiskappen während der jüngsten Eiszeiten. Es wäre denkbar, daß die gleichen Ursachen in ferner Zukunft der Sahara ihre einstige Fruchtbarkeit wiederbescheren.

23

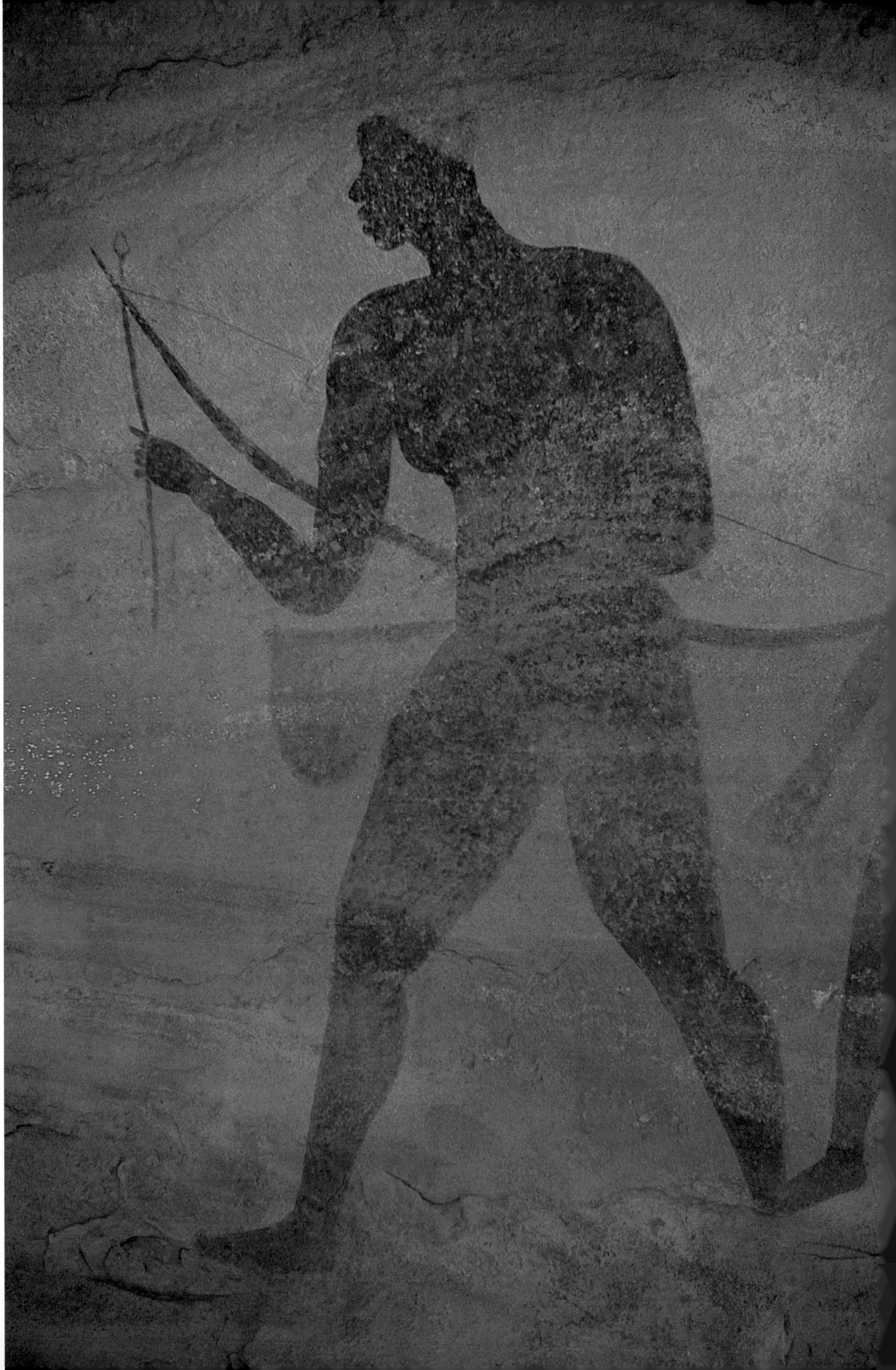

23, 24 In der bedrückenden Stille des Tafelgebirges Tassili-n-Ajjer, inmitten der größten Wüste der Welt, kann man sich schwer vorstellen, daß hier einst Vogelgezwitscher und Frauenlachen die Lüfte füllten. Doch sprechen zahllose eingeritzte Felszeichnungen und -malereien, die namenlose Künstler hinterließen, ihre eigene Sprache. Sie erzählen von einer Zeit, da die Sahara Hirten und Jägern eine Heimat und den Tieren der Savanne einen Lebensraum bot.

Die Felszeichnungen sind eine einzigartige Chronik der Vorgeschichte der Sahara, denn ihre Entstehung reicht bis zu 8000 Jahre zurück. In diesem Zeitraum verwandelte sich die Welt des Tassili-n-Ajjer schrittweise von einem blütenduftenden Garten in die Wüste, wie wir sie heute vorfinden.

In der vorgeschichtlichen Kunst unterscheiden wir mehrere deutlich unterscheidbare Stilepochen, deren eindrucksvollste die der Hirtenvölker vor 5000 bis 6000 Jahren ist. Obwohl damals – wie wir heute wissen – die Dürrezeit der Sahara bereits eingesetzt hatte, wurden die Rinder noch fett (24) und Jäger fanden reiche Beute, denn Wälder und weite Grasebenen prägten die Landschaft. Die Felszeichnungen sind Ausdruck der Zufriedenheit und gehören zu den lebendigsten und eindrucksvollsten Zeugnissen des prähistorischen Menschen überhaupt. Aber die Austrocknung schritt unerbittlich voran, und mit dem Wandel von fruchtbarem Grasland zur dürren Steppe nahm auch die Zahl der Tierzeichnungen ab. Dem Verfall der Umwelt entsprach eine Dekadenz in der Kunst. Spätere Einflüsse und Ereignisse, die auf Sandstein festgehalten wurden, haben eher geschichtliche als künstlerische Bedeutung. Sie zeugen vom Kontakt mit den Ägyptern, von kampfwagenfahrenden Eindringlingen und von der Einführung des Kamels. Doch fehlen diesen Bildern die frühere Liebe zum Detail und der Sinn für ungezwungene Natürlichkeit fast völlig.

Allmählich zogen sich die Menschen an die Ränder der Wüste zurück. Seit nunmehr 4000 Jahren ziehen nur noch die Tuareg ab und an durch den Tassili-n-Ajjer. So wurden seine Geheimnisse der Welt erst im Jahre 1909 bekannt.

25 Die Schatten überhängender Felsen und paradoxerweise dieselbe zunehmende Trockenheit, die die Künstler von dem Tassili-Plateau vertrieb, erhielten deren Bilder der Nachwelt.

26 Ein Obsthändler döst in der Mittagshitze.

27 Im algerischen Ghardaja führt ein Gewirr von Gassen zur hochgelegenen Moschee. Die Schlichtheit des Minaretts setzt sich im schmucklosen Inneren der Moschee fort und zeugt von dem asketischen Zug des Islam in diesem Teil Nordafrikas.

28 Weiße, blaue und ockerfarbene Häuser bilden gemeinsam mit dem entfernt aufragenden Minarett die Kulisse zum geschäftigen Treiben auf dem Markt von Ghardaja.

27 28

29, 30 Dieser Keller auf der Insel Djerba vor der tunesischen Küste (29) und die Ruinen von Dejmila in Algerien (30) erinnern an die Zeit der römischen Herrschaft in den nordafrikanischen Maghrebländern.

Das Römische Reich war der erste koloniale Ausbeuter Afrikas. Seine unersättliche Gier nach Gladiatorenkämpfen hielt über drei Jahrhunderte lang an und beraubte Nordafrika aller wilden Tiere vom Löwen bis zum Elefanten. Zur Einweihung des Kolosseums mußten 5000 Tiere an einem einzigen Tag ihr Leben lassen. Doch die Provinz Afrika lieferte nicht nur die Statisten für solche Riesenspektakel, sondern war zugleich eine Kornkammer, die Rom durch neue Anbaumethoden mit Wein, Oliven und Weizen versorgte. Mit steigendem Bedarf überforderte man die Fruchtbarkeit des Landes und bereitete so der Erosion den Weg; als später die Araber die Felder vernachlässigten, verwandelten sich weite Gebiete der Maghrebländer – Tunesien, Algerien, Marokko – in Ödland.

31 Dattelpalmen und Oliven stehen auf dem besten Boden, Wohnhäuser dagegen baut man an den kahlen Berghang.

29

30   31

32 Konzentriert und sorgfältig überträgt ein Koranschüler in einer Moslemschule Südlibyens einige Koranverse auf seine hölzerne Tafel. Der Islam wurde im 7. Jahrhundert von den Arabern nach Afrika gebracht und breitete sich rasch nach Westen aus, wo er noch heute eine beherrschende Machtstellung besitzt. Man hat über diesen Erfolg lange gerätselt, doch zweifellos bot der Besuch einer Koranschule die Chance, später in Handel und Gewerbe tätig werden zu können, ähnlich wie Eton und Harrow dem Engländer alter Prägung die Pforten zu Macht und Ansehen öffnete.

33 Sobald die ersten Sonnenstrahlen in ihre Behausung dringen, beginnt diese Höhlenbewohnerin in den tunesischen Matmata-Bergen ihre Arbeit mit der primitiven Spindel. Das Sicherheitsbedürfnis der Menschen und die ausgezeichnete Isolierung, die der Sandstein bietet, haben wohl zum Bau solcher Höhlen geführt, denn in der Wüste folgt der brennenden Tageshitze eine bitterkalte Nacht. Es gibt hier etwa 700 Felswohnungen, bei denen die Zimmer von einem zentralgelegenen Luftschacht ausgehen, der zugleich als Hof dient.

34 Werkstätten im Freien sind typisch für Nordafrika. Hier auf Djerba verwebt ein Handwerker geschickt Wolle, Kamel- und Ziegenhaar zu einer Decke. Solche einfachen Webrahmen benutzt man auch zur Herstellung ausgezeichneter Teppiche, die sowohl von den Wüstennomaden als auch von Touristen sehr geschätzt werden.

32 33
34

35 An diesen Häusern in Rhat/Libyen wird deutlich, wie in der einheimischen Architektur Nordafrikas die äußere Form gleichzeitig höchste Zweckmäßigkeit verkörpert. Dieses Labyrinth von Häusern und Gassen bietet den wirksamsten Schutz gegen das gnadenlose Wüstenklima. Aufatmend tritt man durch eine der kleinen Pforten in das kühle Dunkel des Hauses. Das Dämmerlicht wird in Kauf genommen, denn größere Fenster würden nachts die Kälte und tagsüber die Hitze einlassen und böten auch keinen Schutz vor den Sandstürmen.

Die Gebäude kauern sich dicht aneinander; enge Gassen und verwinkelte, dicke Lehmwände bieten willkommenen Schatten. Lehm ist hier das ideale Baumaterial. Er kommt überall vor, läßt sich leicht zu Ziegeln formen und isoliert ausgezeichnet. Holz dagegen ist rar, und die Flachdächer kommen mit einem Minimum an Stützen aus, da sie nur jeweils schmale Räume überspannen. Da es kaum einmal regnet, bereitet der Wasserablauf keine Sorgen. So wurden Flachdächer zum Merkmal nordafrikanischer Architektur.

36 Diese Bauten aus Lehm in Medenine/Tunesien sind Speicher für Weizen, Gerste und Datteln.

Folgende Seiten:
37 In den gedämpften Farben des ersten Morgenlichts scheint das Dorf Imilchil im Atlas-Gebirge eins mit der Erde zu sein. Alljährlich treffen sich hier viele tausend Berber zu einem Volksfest. Schon monatelang vorher werden die heiratsfähigen Töchter jeder Familie mit viel Sahne „gemästet", weil man rundliche Formen liebt; Imilchil ist der Heiratsmarkt, auf dem die Väter im Familieninteresse die bestmöglichste Partie für ihre Töchter auszuhandeln suchen.

35 36

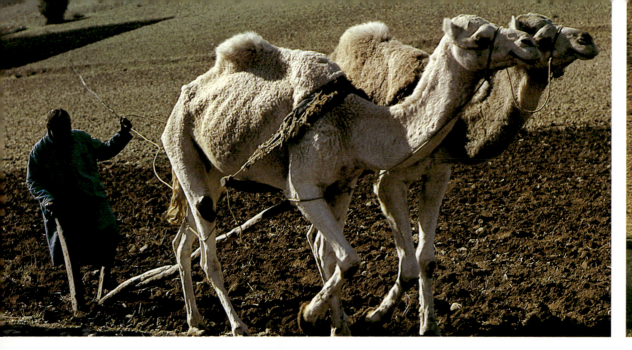

38 Ein Kamel allein würde es nicht schaffen, den Holzpflug durch den harten roten Boden zu ziehen, der dann die Weizensaat aufnehmen soll.

39 Typische Alltagsszene im Land der Berber. Die winzigen Felder im Hohen Atlas entstehen durch ständige Erbteilung und sind so klein und weitverstreut, daß sie weder eine wirtschaftliche Bearbeitung noch die Einführung moderner Ackerbaumethoden möglich machen. Dennoch halten die Berber an ihrem unrentablen System fest. Sobald das unmittelbar verfügbare Land für die wachsende Familie nicht mehr ausreicht, legt man auf den dazu völlig ungeeigneten Berghängen neue Felder an. Die Folge ist Erosion, die – wie überall in Afrika – mit falscher Bodenbearbeitung Hand in Hand geht. Hier im Hohen Atlas nimmt die ohnehin kärglich bemessene Humusschicht mit beängstigendem Tempo ab.

40 Gegen Ende des Sommers wird in den Tälern zu Füßen des Hohen Atlas die Ernte eingebracht. Außerhalb des Dorfes liegt die große Tenne. Alle Dorfbewohner helfen beim Dreschen. Wie zu biblischen Zeiten trotten Esel auf festgestampftem Boden im Kreis und treten mit ihren Hufen die Körner aus den Ähren.

41 Eine Studie von Hell und Dunkel auf dem Schafmarkt von Imilchil: Schaulustige in europäischer Kleidung (Mitte links) und feilschende Berber mit ihren Schafen. Über allem liegt ein beißender Schafgeruch.

Folgende Seiten:
42 Die Härte des Lebens in Wüstengebieten spiegelt sich in diesen unbewegten Gesichtern.

43 Das indigoblaue Gewand und der üppige Schmuck geben einen hübschen Kontrast zum zarten, hellen Teint dieses Berber-Mädchens, das den Blick bescheiden gesenkt hält. Die Abstammung der Berber ist ungeklärt, doch tragen sie im Gegensatz zu den semitischen Arabern Nordafrikas und den negroiden Völkern im Süden deutlich kaukasische Züge. Es besteht indes kein Zweifel darüber, daß ihre Vorfahren die afrikanische Mittelmeerküste beherrschten, lange bevor die Araber in dieses Gebiet vordrangen.

Um den Arabern auszuweichen oder wegen des Bevölkerungsdruckes setzten sich einige Berberstämme in die Wüste ab und wurden zu kriegerischen Nomaden, den Tuareg. Andere Berber siedelten sich zu Füßen des schneebedeckten Atlas-Gebirges an.

44 Eine Berberin in kostbarem Gewand auf einer Hochzeit.

43 44 45

45 Färbeküpen wie diese in Fez sind schon seit der Römerzeit in Gebrauch, denn bereits damals war marokkanisches Leder hoch geschätzt. Zu dem verwirrenden Anblick gesellt sich beißender Geruch, denn die Häute werden nicht besonders sorgfältig gereinigt, bevor man sie im gleichen *souk* gerbt. Ist die Färbung beendet, wird das Leder auf Esel geladen und weit vor den Toren der Stadt zum Trocknen ausgelegt.

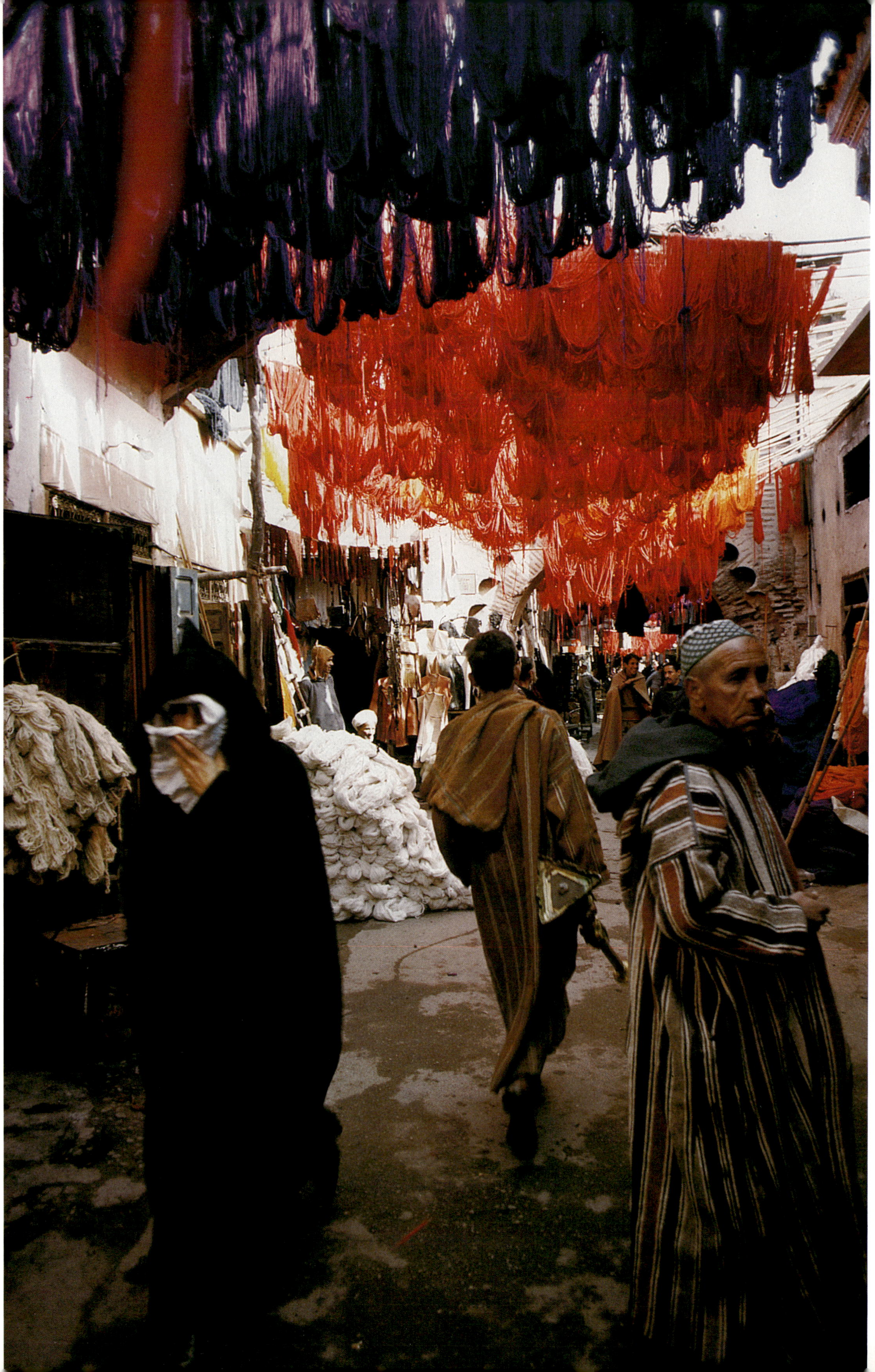

46 Ein Gewirr von Wollsträngen hängt zum Trocknen über den engen Gassen des Färberviertels von Marrakesch. Marokkanische Frauen sind von jeher fotoscheu und verbergen ihr Gesicht wie die Frau im Vordergrund links, die in ihrer alles verbergenden *djellaba* vorbeihastet.

47, 48 Wollfärber in der Medina (Altstadt) von Fez.

Folgende Seiten:
49 Donnernde Hufe und wilde Gewehrsalven geben König Hassan II. von Marokko in Marrakesch einen ehrenvollen Salut.

50 Es ist durchaus denkbar, daß in der Sahara und ihren Randgebieten die Frauen schon vor 4000 Jahren Wildgetreide auf die gleiche Art zu Mehl stampften wie noch heute die Tuareg. Zwar fällt in der Wüste nur selten Niederschlag, doch wenn es einmal regnet, sprießen sofort kurzlebige Gräser, die von den Tuareg genutzt werden.

51 Wüstennomaden suchen mit ihren Eseln einen Weg zwischen dem Geröll der Felswüste.

52 Im Schutz ihres Zeltes fertigt eine Tuareg-Frau niederen Standes lederne Messerscheiden zum Verkauf an.

53 Da Ziegen mit dunklem Fell in der Wüste widerstandsfähiger sind als weiße Arten, züchten die Tuareg lieber die dunklen. Diese Vorliebe spiegelt sich auch in der Farbe ihrer selbstgewebten Gewänder wider. Versuche haben überraschenderweise ergeben, daß dunkle Kleidung ebenso vor Hitze schützt wie helle. Lose über anderen Kleidern getragen, scheint das dunkle Gewand die Luftzirkulation unter dem Gewebe zu verstärken und dadurch trotz intensiverer Wärmeaufnahme kühlend zu wirken.

52 53

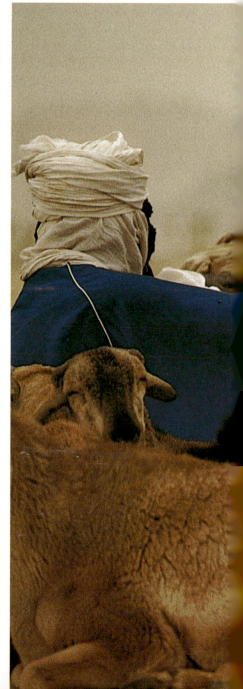

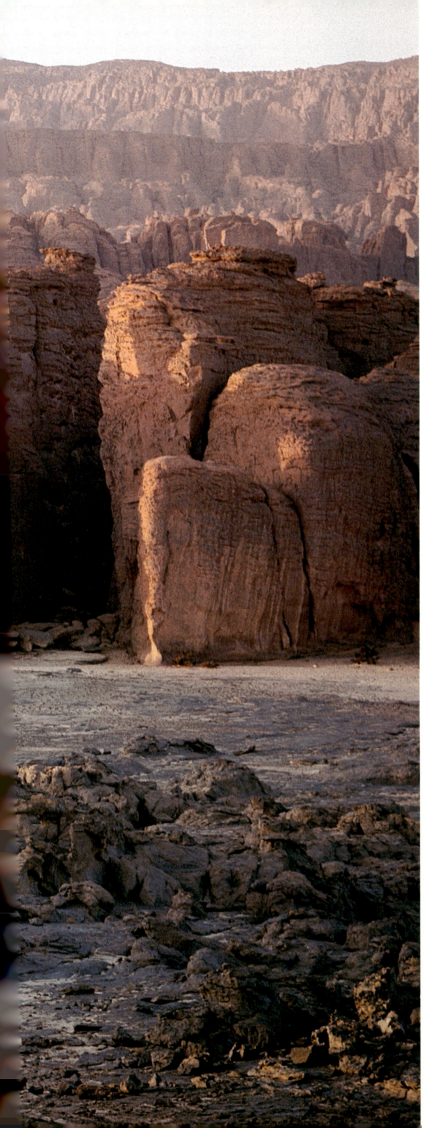

54 Im Hintergrund das gewaltige Ahaggar-Gebirge. Die blauen Gewänder der Tuareg geben der eintönigen Wüstenfarbe bunte Tupfen. Die Stattlichkeit der Tuareg verrät ihre Abstammung von den Berbern, und weil sie stets nur unter sich heiraten, haben sie ihre helle Hautfarbe und die feinen Gesichtszüge bewahrt. Stolz und Ansehen gehen dem Tuareg über alles. Respektvoll verhüllt jeder mit seinem Schleier sein Gesicht vor Fremden, so daß nur noch ein schmaler Sehschlitz freibleibt. Kein Mann von Stand zeigt jemals sein entblößtes Gesicht - nicht einmal Freunden gegenüber. Früher nahm man sogar Nahrung und Getränke unter dem Schleier, dem Litham, ein.

Die Tuareg behaupten, nur in der Wüste sei ein Mann wirklich frei. Jahrhundertelang waren sie allein die Herren dieses lebensfeindlichen Gebietes. Im Laufe ihrer Kriege und Fehden aber kamen die Tuareg zu Vasallen und Sklaven negroider Abstammung, die die Sprache ihrer Herren, das Tamaschag, übernahmen und nun auch die Wüste als Heimat betrachten.

Eigentlich sind die Tuareg Hirten; sie halten Kamele, Rinder, Schafe und Ziegen. Mit ausgeprägtem Sinn für die Bedürfnisse ihrer Herden und die spärlichen Vorräte der Sahara ziehen sie zuversichtlich durch dieses Durstland. Ihre eigene Nahrung besteht weitgehend aus Milch, frisch, gesäuert oder getrocknet und mit Obst zu einem Brei vermischt. Sie kennen alle versteckten Wasserstellen der Wüste, deren Früchte und deren Gräser.

Etliche ihrer Diener und Sklaven bleiben in Oasen und bauen dort Datteln und Gerste an, die sich die Vornehmen und ihre Begleiter alljährlich im Laufe ihrer Weidezüge abholen. Doch dem eigentlichen Adel ist selbst diese Art von „Arbeit" verhaßt, der Krieg gilt als wahre Berufung. Heute beschneiden die Regierungen die Aktivitäten der Tuareg, sie untersagen ihnen den Viehdiebstahl und lassen die Karawanen an den Grenzen Zoll bezahlen, der doch eigentlich den Tuareg gebührte. Ihren einstigen Sklaven hat man Lesen und Schreiben beigebracht, und mit diesem Wissen erscheinen sie plötzlich in der neuen Bürokratie als Vorgesetzte ihrer früheren Herren. Das sind unverständliche, beunruhigende Zeiten für einen Tuareg. Selbst die Wüste scheint sich zur Zeit gegen die Tuareg verschworen zu haben. Eine siebenjährige ununterbrochene Trockenheit raubte ihnen ihre Herden und trieb sie verarmt in die Randzonen der Wüste, wo man sogar auf sie herabblickte.

Aber die Tuareg wissen, daß diese Dürre ein Ende haben wird, und sehen im Geiste schon den Tag, an dem sie wieder durch ihre geliebte Wüste ziehen. Mit bewundernswertem Hochmut verachtet der Tuareg alles seiner Welt Fremde. Allein in der Wüste ist er der Herr, und weil er jedes Angebot seiner kargen Umgebung geschickt nutzt, bietet der ihm eigene Lebensstil tatsächlich ein seltenes Maß an Freiheit.

Westafrika

Fast überall außerhalb Afrikas wird die Ansicht vertreten, Afrikas Gesellschaftsstruktur sei feststehend und unveränderlich. Dies ist nachweislich falsch. Besonders Westafrika zeigt in seiner Geschichte eine fortdauernde Entwicklung von Zivilisation und Kultur, die bis zum ersten Jahrtausend und weiter zurückverfolgt werden kann.

Der vielleicht größte Nachteil für die Forschung nach Afrikas Vergangenheit ist das Fehlen jeglicher schriftlicher Überlieferungen, so daß Entstellungen oder falsche Rückschlüsse nicht durch dokumentarische Beweise widerlegt werden können. Der nigerianische Gelehrte Dr. Obkuwa Dike bemerkt dazu treffend: „Der springende Punkt ist nicht, daß die Afrikaner keine Geschichte haben sollen, sondern daß darüber weitgehende Unwissenheit herrscht und eine fast krankhafte Abneigung, erwiesene Tatsachen anzuerkennen."

Die ältesten Aufzeichnungen stammen von mohammedanischen Reisenden, die einst die Sahara durchquerten und bis zu den großen Königreichen im mittleren Nigergebiet gelangten. Selbst in diesen Berichten werden die Gesellschaftsformen als stark und wohlorganisiert bezeichnet. Stück für Stück fügen Archäologen Teile westafrikanischer Frühgeschichte zusammen; ihre Arbeit – wenngleich noch lückenhaft – beweist eindeutig, daß die Kultur hier nicht stehenblieb. Was sich in der Tat nicht veränderte, war gerade der stete Wandel, wenn er oft auch langsam vor sich ging.

Vor 4 000 bis 6 000 Jahren schweiften die Menschen in Westafrika durch wesentlich weitere Gebiete, als das heute möglich ist. In jener Zeit herrschte ein anderes Klima, die Sahara war nicht nur verhältnismäßig klein, sondern lag auch viel weiter nördlich als heute. Sowohl die Sahelzone, in der die Halbwüste langsam in Grasland übergeht, als auch die Savannen erstreckten sich damals wahrscheinlich über weit größere Gebiete.

Wir wissen, daß der Mensch in diesem Teil Afrikas vor etwa 4 000 Jahren Rinder hielt und daß er, als die Sahara immer weiter austrocknete und damit größer wurde, mit seinen Herden nach Süden zog, um besseres Weideland zu finden.

Im Verlauf dieser südwärts gerichteten Wanderung in das jetzige Westafrika stieß er auf eine Umweltbarriere, die er nicht überschreiten konnte, den breiten Gürtel tsetseverseuchten Landes nämlich, der sich von Osten nach Westen quer über Westafrika hinzieht. Und genauso, wie jene Hirten vergangener Zeiten eine Grenze fanden, wird auch der Südwanderung des

„Die Dürre gehört schon immer zum Kreislauf Afrikas. Da sie die Unbeständigkeit des afrikanischen Klimas erkannten, lebten die Farmer vor ein paar Jahrhunderten nomadisch. Blieben die Niederschläge aus, zogen sie weiter. Inzwischen wurden zahlreiche Farmer seßhaft. Bleiben die Niederschläge aus, kann man von Glück reden, wenn man Anspruch auf eine geringe Unterstützung der Regierung hat."

Clem Sunter in The World in the 1990s, *1991*

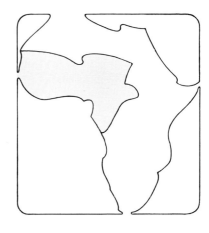

55 In diesem Dorf im Seengebiet der Elfenbeinküste haben Fischer ihre Netze zum Trocknen aufgehängt.

Hirtenvolkes der Fulani in heutiger Zeit durch die Tsetsefliege Einhalt geboten.

Diese Stechfliege lebt im feuchtheißen Tropengebiet und überträgt nicht nur die Nagana-Seuche auf die Rinder, sondern auch die Schlafkrankheit auf Menschen. Sie baut eine fast sichtbare Schranke auf, und sogar heute gibt es in Gebieten wie Nord-Nigeria abrupte Übergänge: in einem Dorf muhen die Rinder, und im nächsten, kaum fünf Kilometer weiter, hört man nur das Gackern der Hühner und das Meckern der Ziegen.

Die Fulani sind ein ausgesprochenes Hirtenvolk. Ihre großen Herden bezeugen nicht nur Reichtum, sondern vor allem auch den Gesellschaftsstatus des einzelnen und daß er ein verantwortungsvoller und fleißiger Mann ist. Ihr Erfolg in der Rinderhaltung beruht weitgehend auf Erfahrung im Umgang mit den Tieren, die sie auf traditionellen Wegen von Weidefläche zu Weidefläche treiben, je nach Vegetation und Jahreszeit.

Wenn die Regenfälle beginnen, folgen die Tsetsefliegen bis zur 1000-mm-Niederschlagsgrenze nach Norden. Die Fulani müssen deshalb ebenfalls nach Norden ziehen, um den Tsetses auszuweichen und gleichzeitig das frische neue Grün der Jahreszeit zu nutzen. Zu Beginn der Trockenzeit ziehen sich die Blutsauger wieder in feuchtere Regionen zurück. Die Fulani können dann folgen und stoßen dabei auf landwirtschaftlich genutztes Gebiet. Ist die Ernte geborgen, weiden die Fulani ihr Vieh auf den Stoppeln, für die Bauern ergibt sich daraus der Nutzen, daß ihre Felder gedüngt werden. Die gegenseitigen Beziehungen gehen aber noch weiter; die Fulani handeln mit Fleisch, Fellen und Milchprodukten und erhalten z. B. von den Haussa, die im Tsetsegürtel leben, als Gegenleistung Getreide und Gemüse.

Vom 13. Jh. an traten die Fulani zum Islam über, der von ihren Berber-Verwandten und von handeltreibenden Arabern in diesen Teil Afrikas gebracht wurde. Die neue Religion verband sie zu einer bisher nicht gekannten starken Einheit und führte dazu, daß sie im 19. Jh. unter fanatischen Moslemführern gen Süden aufbrachen, um die Ungläubigen zu bekriegen. Furchtlos und von ihrer gerechten Sache überzeugt, überwältigten die berittenen Krieger ihre Nachbarn. Auch heute noch sind die Emire von Timbuktu, Kano, Katsina und Sokoto nicht etwa Haussa, sondern haussa-sprechende Fulani. Sie behaupteten ihre Vormachtstellung über die ländliche wie auch über die städtische Bevölkerung,

blieben aber völlig ihrer eigenen Kultur verhaftet. Alle, die blieben, um ihre Kriegsbeute zu genießen, wurden zu einer herrschenden Eliteschicht, die meisten kehrten aber zurück zu ihren Weidegründen und vermehrten Vieh und Reichtum. Dies, sagen sie, ist das wahre Leben der Fulani.

In den vergangenen Jahrzehnten gefährdeten extreme Trockenjahre ihren althergebrachten Lebensstil. Zwischen der unerbittlichen Dürre des vordringenden Wüstenklimas und ihrem Todfeind, der Tsetsefliege, fanden sie sich buchstäblich eingezwängt. Folglich war ihr Nomadenleben in Frage gestellt, für viele gab es kein Zurück. Einige gingen durch den Landerwerb im Tsetsegebiet einen Kompromiß ein. Hier bauten sie Wohnstätten, und ihre Frauen bestellten die Äcker, um somit die Schäden am Vieh mit Feldfrüchten auszugleichen. Aber auch diese Fulani haben ihren Stolz noch nicht verloren, und die Männer sind dem harten Hirtenleben gewachsen, wenn sie mit ihren stark dezimierten Herden zu den wenigen, weit entfernten Weidegründen ziehen.

Nicht alle hatten das Glück, Land zu finden, das ihnen den Übergang zu einem neuen Lebensstil möglich machte. In Westafrika, dem dichtbesiedeltsten Teil des Kontinents, steht Land – vor allem fruchtbares Land – hoch im Kurs. Viele Hirten mußten zusehen, daß ihre verhungernden Herden schließlich nur noch ein Haufen stinkendes Aas waren. Mittellos und verzeifelt wanderten sie in die Städte ab, wo sie noch heute mühsam versuchen, sich anzupassen.

Die Sahelzone ist die Welt der Hirtenvölker, weiter südlich herrscht Ackerbau vor. Wann der Landbau in diesem Teil Afrikas Fuß faßte und woher er kam, weiß man noch nicht genau. Es ist anzunehmen, daß die jungsteinzeitlichen Errungenschaften sich nilaufwärts bis über Khartum hinaus verbreiteten und man sich hier an die in Afrika heimischen Pflanzen Hirse und Sorghum gewöhnte. Diese Feldfrüchte zusammen mit den Anbaumethoden können dann über den Sahelsaum der Sahara weiter vorgedrungen sein. Mündliche Überlieferungen in Benin (Süd-Nigeria) geben dieser Annahme Gewicht, denn J. V. Egharevba berichtete: „Vor vielen, vielen Jahren kamen die Binis den ganzen Weg von Ägypten, um in diesem Teil der Welt mehr Sicherheit zu finden. Sie hielten sich nur kurze Zeit im Sudan und in Ife-Ife auf, das die Beninleute Uhe nennen. Bevor sie

hierherkamen, sandten sie eine Gruppe von Jägern aus, die das Land in Augenschein nehmen sollte, und ihr Bericht war sehr günstig."

In den Tropen teilt man das Jahr in Regen- und Trokkenzeiten ein; verläßlich ist aber nur die Trockenzeit, der Regenfall ist unberechenbar und kommt oft spät. Sorghum und Hirse haben sich diesen Bedingungen aber so gut angepaßt, daß sie sich sogar nach völligem Welken bei spätem Regen doch noch erholen können und einigermaßen gute Ernten bringen.

Während die heimischen Getreidearten auf Feldern gedeihen, die der Savanne abgerungen wurden, rodeten die Farmer in den küstennäheren Waldgebieten, wo die Niederschlagsmengen wesentlich höher sind, ihre Ländereien und bauten Hackfrüchte wie Kassaven (Maniok) und Yams an. Neuere Studien über die traditionellen Anbaumethoden in diesen Gebieten haben gezeigt, daß die hohen Erträge sowohl auf die sorgfältige Landnutzung wie auch auf ausreichenden Regenfall und die einigermaßen guten Böden zurückzuführen sind.

Der Ursprung des Landbaus in Westafrika ist für die Wissenschaft sicher interessant, wichtiger für die augenblickliche Situation sind aber die Ergebnisse. Wann die Entwicklung von einer Bewirtschaftung, die nur dem augenblicklichen Bedarf entspricht, zum gezielten Anbau mit Überschuß und Gewinn begonnen hat, kann nicht belegt werden. Zweifellos brachte die neue Lebensart so viel Nutzen und Erfolg, daß sich nunmehr eine Weiterentwicklung auf breiter Basis bemerkbar machte. Reisende, die Westafrika besuchten, waren tief beeindruckt von der verfeinerten Kultur. Der marokkanische Reisende Leo Africanus z. B. erreichte im 16. Jh. Timbuktu und schrieb: „Hier gibt es viele Geschäfte von Handwerkern und Händlern, besonders mit gewebtem Leinen und Baumwolltuch . . . Die Einwohner, vor allem die Fremden, die hier wohnen, sind außerordentlich reich . . . Es gibt hier auch sehr viele Doktoren, Richter, Priester und andere Gelehrte, die auf Kosten und im Auftrag des Königs großzügig versorgt werden. Und hierher werden etliche Manuskripte oder geschriebene Bücher aus dem Berberland gebracht, die für teures Geld verkauft werden."

Archäologen haben Beweisstücke von Eisenarbeiten gefunden, die etwa 2 500 Jahre alt sind. Man nimmt an, daß diese Technik ursprünglich aus Assyrien kam und von dort über das Mittelmeer an die nordafrikanische Küste gelangte. Von dort hat sich die Kunst wahrscheinlich zuerst nach Westen zum jetzigen Marokko und dann südlich bis nach Westafrika verbreitet. Es ist aber ebensogut möglich, daß der Weg quer über die Sahara verlief, denn die versteckten Wasserquellen an den Routen durch diese öde Weite waren seit Urzeiten bekannt.

Die Landwirtschaft öffnete den Menschen die feuchtheiße tropische Westküste und die tsetseverseuchte Savanne. In der zweiten Hälfte des ersten Jahrtausends vor Christus und den ersten Jahrhunderten nach Christus gab es bereits die berühmten Kulturen von Nok und Ife im jetzigen Zentralnigeria. Die damaligen Afrikaner waren nicht nur begabte Ackerbauer, sondern auch reich, ungebunden und kultiviert. Als Europa noch im Dunkel lag, schufen die Handwerker von Nok und Ife bereits herrliche naturalistische Skulpturen aus Bronze und Terrakotta. Und wenn wir annehmen, daß sich Geschmacksrichtung und Lebensstil eines Volkes in seiner Kunst niederschlägt, dann stammen diese Skulpturen aus einer hochentwickelten afrikanischen Kulturwelt.

Bevor die Portugiesen zu Beginn des 16. Jh. die alten Handelsstraßen durch die Wüste umgingen und sich Afrika vom Meer her näherten, bestimmte die Trans-Sahara-Verbindung weitgehend die Frühgeschichte Westafrikas. Schon immer blickte man nach Norden über die Sahara hinweg, wenn es um Handel und den Austausch von Ideengut und Handwerkskunst mit den Berbern und Arabern ging. Die Wechselbeziehungen können weit zurückverfolgt werden bis zu der Zeit, als die ägyptischen Herrscher nach mehr Elfenbein und Holz, mehr Sklaven und Gold verlangten. Berber und Araber waren die Zwischenhändler, die bei den westafrikanischen Lieferanten einkauften und dann den langen und gefährlichen Weg durch die Sahara zurücklegten, um die Ware auf den fernen großen Märkten abzusetzen. Die Römer importierten afrikanische Ware; sie schätzten das feine marokkanische Leder – Ziegenhäute aus Katsina (Nord-Nigeria), die in Marokko gegerbt und eingefärbt wurden.

Die Westafrikaner erwarben als Gegenleistung Stoffe und Messer, Pferde und – vor allem – Salz. Schwere Regenfälle laugen die Böden Westafrikas fortlaufend aus, dem gesamten Ökosystem wird das Salz entzogen, den Pflanzen, den Tieren und auch den Menschen. Tiere wandern zu Salzlecken, um ihren Bedarf zu decken, die Menschen handelten das nötige Salz gegen Gold und Elfenbein ein.

Während die Berber und Araber den afrikanischen Handel von der Mittelmeerseite her beherrschten, entwickelten auch die Königreiche im mittleren Nigergebiet den Trans-Sahara-Handel weiter.

Handel auf lokaler Basis war in den meisten westafrikanischen Gebieten bereits gut ausgebaut. Er stand mit dem ständigen Wachstum der Städte in engem Zusammenhang, deren große Marktplätze sich steigender Beliebtheit erfreuten. Die Bewohner kleiner verstreuter Ansiedlungen erkannten bald die Vorteile solcher Märkte, auf denen sie ihre Güter eintauschen konnten.

Die meisten produzierten gerade so viel, daß sie ihren laufenden Bedarf decken konnten. Als man aber Überschuß erzielte und die Ansprüche größer wurden, ging man dazu über, mit den verschiedensten Waren aus allen möglichen Gebieten zu handeln; da gab es Kolanüsse und heimische Baumwollstoffe, Kürbisflaschen und Töpfe, Messer und Lederwaren. Auch mit Nahrungsmitteln wurde gehandelt. Das rege Wirtschaftsleben in diesen städtischen Zentren der Vorkolonialzeit widerlegt eindeutig alle immer wieder aufgestellten Behauptungen von der Rückständigkeit Afrikas.

Heute werden die großen Märkte in Ländern wie Ghana, Nigeria, Senegal, Gambia, Mali, Guinea und der Elfenbeinküste von Frauen beherrscht. In ihren prachtvollen kleidsamen Baumwollgewändern – und den Kleinkindern auf dem Rücken – gehen sie dort ihren Geschäften nach, kaufen und verkaufen, feilschen und machen ihre Abschlüsse. An den zum Verkauf angebotenen Gütern kann man die wechselnden Geschmacksrichtungen der Westafrikaner ablesen, und es wird deutlich sichtbar, daß sich alle Verbindungswege immer weiter öffnen.

An den heute ca. zehn Millionen Haussa erkennt man die Einflüsse und Auswirkungen, die Handel, Technik und Verstädterung mit sich brachten, doch auch die außerordentliche Macht des Islam in diesem Gebiet.

Die Einführung der neuen Religion – handeltreibende Berber und Araber brachten sie mit – hatte mit dem Glauben genausoviel zu tun wie mit dem Handel. Der Historiker A. G. Hopkins erklärt: „Die drei Hauptbedingungen für den Handel über weite Entfernungen waren Kapital, Kredit und Sicherheit." Ein gegenseitig anerkannter Ehrenkodex zwischen den Händlern war lebenswichtig geworden – und der Islam konnte damit aufwarten.

Im 13. Jh. hatte sich sein Einfluß westlich durch Nordafrika und von da bis zum mittleren Nigergebiet ausgebreitet. Die geistige Anziehung des Islam auf die Westafrikaner ist viel diskutiert worden, aber fraglos bot er auch sachliche Vorteile; da war z. B. die Tatsache, daß Berber und Araber ihre Geschäfte, die auf gegenseitig anerkannten Garantien basierten, am liebsten mit Moslems abschlossen, die Allah ebenso ergeben waren wie sie selbst.

Koranschulen wurden eingerichtet, sie boten den Söhnen der Afrikaner Gelegenheit, in eine breitere religiöse Gemeinschaft aufgenommen zu werden und gleichzeitig den Einstieg in die oberen Gesellschaftsschichten. Es ist deshalb kaum überraschend, daß ein Volk wie die Haussa, die ohnehin Händler waren, zum Islam übertrat und sich der Islam zu einem gewissen Grade ihrer Kultur anpaßte. Auch heute ist diese Religion das Band, das die Westafrikaner zusammenhält, ob sie nun Englisch sprechen oder Französisch.

Die moslemischen Haussa zeigen auch, daß es im Afrika der vorindustriellen Zeit ein reiches Stadtleben gab mit wohlorganisierter Infrastruktur, zentralen Verwaltungen und all den Annehmlichkeiten, die Städte bieten können. Kano war in keiner Weise die einzige Großstadt, andere Zentren wie Gao, Djenné und Timbuktu hatten im 15. und 16. Jh. Einwohnerzahlen von 15 000–18 000. Tatsächlich lebte fast die Hälfte der Menschen im Haussaland in Städten. Weiter südlich in den waldreichen Gebieten gab es auch im 19. Jh. im Yorubaland Städte von beträchtlicher Größe, allein zehn davon prahlten mit Einwohnerzahlen von über 20 000. In Abidjan, innerhalb einer Stadtmauer von 39 km Länge, lebten etwa 70 000 Bürger ein ordentliches und geregeltes Leben.

In der ersten Zeit des Städtewachstums waren die Häuser, die sich rund um den Marktplatz drängten, aus Schlamm gebaut und mit Stroh gedeckt. Später jedoch, als die Bevölkerungszahl wuchs und Bequemlichkeiten wie Wasser, Abflußkanäle und Abfallbeseitigung mit sich brachte, mußte die Obrigkeit Bauvorschriften erlassen, weil in den dichtbevölkerten Städten Strohdächer eine ernste Feuergefahr darstellten, und die Abfallbeseitigung mußte kontrolliert werden.

In den Städten lebten Spezialisten aller Art, Metallarbeiter und Schlachter, Weber und Sattler, Barbiere, Kräutersammler, Händler und Vertreter. Auf jedem Gebiet gab es ein hinreichendes Auskommen. Am wichtigsten indes waren die Nahrungsmittel. Die meisten Einwohner, nebenbei Bauern, widmeten einen Teil ihrer Arbeit – die Schwerstarbeit lag bei ihren Frauen – ihren Feldern und erzeugten wenigstens genug für den täglichen Bedarf ihrer Familien. Für den Überschuß handelte man sich Luxusgüter ein oder solche Nahrungsmittel, die nicht selbst produziert werden konnten.

Westafrika ist kein sonderlich fruchtbares Gebiet, es gibt große Bezirke mit ausgesprochen armen Böden. Je weiter man von den subäquatorialen und tropischen Zonen am Golf von Guinea und am Atlantik nach Norden kommt, desto geringer werden die jährlichen Niederschlagsmengen. Schließlich hört der Regen in den riesigen Gebieten von Mauretanien, Mali, Niger und Tschad fast ganz auf, und die Wüste nimmt das Land in ihren Würgegriff. Vegetation und Klima Westafrikas machen die einzelnen Zonen sichtbar, und nirgends in Afrika zeigen sich die unterschiedlichen Breitengrade so deutlich wie hier.

Die tropischen und subäquatorialen Zonen, die nahe der Küste und parallel zu ihr verlaufen, sind zwar die fruchtbarsten, gleichzeitig aber heimgesucht von tropischen Geißeln wie Malaria, Bilharziose und die Fluß-Blindheit, entkräftende, wenn nicht tödliche Krankheiten. Die Fluß-Blindheit, die durch eine schwarze fliegenähnliche Kriebelmücke (Simulium damnosum) übertragen wird, befällt mindestens eine Million Menschen allein im Voltabecken.

In einer Schrift über diese furchtbare Krankheit heißt es: „Die menschliche ist zugleich eine wirtschaftliche Tragödie. Wenn man die am meisten von der Kriebelmücke befallenen Gebiete überfliegt, sieht man grünes, gut bewässertes Land, das für Landwirtschaft und Viehhaltung ideal scheint. Aber man sieht kaum Anzeichen menschlicher Besiedlung. Sofern man überhaupt etwas sieht, ist es ein verlassenes Dorf mit zusammengesunkenen Grasdächern und zerfallenen Schlamm-Mauern. Allein am Weißen Volta gibt es etwa 50 verlassene Dörfer.

Die Menschen waren gezwungen, ihr fruchtbares Land der Kriebelmücke wegen aufzugeben. Sie zogen sich auf die Hochebene zurück, wo der Boden arm ist

und man sich auf Regen nicht verlassen kann. Ernten fallen deshalb sehr unterschiedlich aus. Ein großer Teil der Hochebene dürfte eigentlich landwirtschaftlich überhaupt nicht genutzt werden, sondern sollte Wald bleiben, weil Bodenerschöpfung und damit Erosion die Folge ist." In manchen dieser Gebiete ist die Blindheit so verbreitet, daß die Menschen glauben, dies sei normal und überall auf der Welt so.

Krankheiten sind oft nicht die eigentliche Ursache für Todesfälle, sondern der letzte Anstoß dazu. Dies wird heute besonders deutlich, wenn die Belastungen großer Bevölkerungsdichten – Unterernährung, mangelnde Hygiene, unzureichende Mittel – die Menschen krankheitsanfällig machen.

Portugiesen waren die ersten Europäer an der afrikanischen Westküste. Auf ihren winzigen Schiffen kämpften sie gegen unbekannte Meere und umsegelten die Ausbuchtung Afrikas auf ihrem Wege nach Indien. Sie wußten, daß Westafrika reiche Goldschätze besaß; man hatte erstaunliche Geschichten über den Herrscher des Königreichs Mali, Mansa Musa, gehört, der auf seiner Reise nach Mekka in Kairo und anderen Städten Gold in großen Mengen an den Pöbel verschwendet habe. Auf ihrer Fahrt zum Fernen Osten hofften die Portugiesen, etwas von diesem Reichtum für sich zu gewinnen – oder doch Beziehungen anzuknüpfen, die dazu führen konnten.

Sie fanden eine gefährliche und ungastliche Küste vor. Die Sahara bewachte den nördlichen Zugang zu Westafrika, das Meer den Süden des Landes. Es gab in der Tat nur zwei natürliche Häfen, heute liegen hier Dakar und Freetown. Im übrigen war die Küste flach und gerade, mit Sandbänken und Lagunen, hinter denen Flüsse wie der mächtige Niger und der Senegal in das Meer mündeten. Aber die ersten Kontakte waren geschlossen, sie sollten in den folgenden Jahrhunderten wachsen und sich vervielfachen.

Diese frühen Beziehungen waren für beide Seiten sehr lohnend. Die Portugiesen suchten vor allem Gold und Sklaven, die Afrikaner an der Küste brauchten Salz und Pferde, Waffen und Stoffe. Und als die wirtschaftliche Macht des Handels den Küstenbewohnern offenbar wurde, rissen sie auch die Kontrolle über die Güter aus den älteren, besser etablierten Königreichen im Norden an sich, deren Einkünfte – und auch deren Macht – zu schwinden begannen.

Der Goldhandel ging nun durch die Hände einer neuen Generation, und Sklaven wurden zu einer immer bedeutenderen Ware. Europa erschloß gerade die Neue Welt für sich und benötigte kräftige Männer für die Plantagenarbeit in Amerika. Hier in Afrika aber gewannen organisierte Gruppen wie die Manding und die Malinke die Oberhand. Die Waffen, die sie für Gold, Elfenbein und Sklaven erhielten, gaben ihnen Macht. Ihre Überfälle erhielten neue Triebkraft, die früheren territorialen Zwänge wurden nun vom Profitdenken abgelöst.

Zwischen 1700 und 1810 wurden mehr als drei Millionen der kräftigsten Männer und Frauen unter unmenschlichen Bedingungen verschickt, die meisten in die Neue Welt. Inzwischen hatten die Briten, Franzosen und Holländer die portugiesischen Händler weit in den Schatten gestellt, und der Küstenstreifen war unter dem berüchtigten Namen „Sklavenküste" bekanntgeworden. Man schätzt, daß insgesamt etwa 10 Millionen Sklaven von hier verschleppt wurden.

Vor dieser entsetzlichen Periode westafrikanischer Geschichte war aber die Bevölkerungszahl schon angewachsen, stetig, wenn auch langsam, und trotz der hohen Sterblichkeitsrate besonders bei Kindern. Die gute Nahrungsmittelversorgung hatte dazu beigetragen. Bei den vorhandenen landwirtschaftlichen Möglichkeiten – ausschließlich regelmäßigem Wechsel zwischen Anbau und Brache – waren die Grenzen verfügbaren Ackerlandes bald peinlich sichtbar. Die inneren Konflikte, die der Ankunft der Europäer vorausgingen, hatten sich wohl vornehmlich um nutzbares Land gedreht.

Der Kontakt mit der Außenwelt, vor allem in klimatisch ähnlichen Gebieten in Südamerika, brachte eine Reihe neuer Feldfrüchte nach Westafrika, Mais und Tabak, Tomaten, Ananas und viele andere wertvolle Pflanzen. Sie wurden sofort angenommen und auch im Inland angebaut. Damit stand eine breitere Palette von Nahrungsmitteln zur Verfügung; sie verhinderte Hungersnöte, wenn die Ernte der wenigen vorher angebauten heimischen Feldfrüchte einmal ausfiel. Zu einem gewissen Grad mag die verbesserte Nahrungsmittelversorgung die Widerstandskraft der Bevölkerung gegen Krankheiten gestärkt und damit den Menschenverlust durch die Sklaverei ausgeglichen haben. Auf der anderen Seite waren es aber gerade Männer in der Blütezeit ihrer Jahre und gesunde Frauen im Gebäralter, die als Sklaven verschleppt wurden. Ihr Verlust bedeutete, daß weniger Kinder geboren wurden und die Arbeitskraft auf den Feldern fehlte.

Es waren dies dunkle Jahre der Furcht, in denen die wenigen Mächtigen reich wurden und die Mehrheit der Bevölkerung in Angst und Unsicherheit lebte. Um 1700 erlangte eine Bevölkerungsgruppe die Oberherrschaft im Handel: die Aschanti. Sie setzten sich aus mehreren schwachen und entfernt verwandten Stämmen im heutigen Ghana zusammen. Zur Verteidigung gegen stärkere Nachbarn vereinigten sie sich und gewannen unter schlauen und listigen Führern fast die gesamte Kontrolle über den Gold- und Sklavenmarkt Westafrikas.

Ihre Könige, die Asantehene, wählten als Symbol ihrer Macht den „Goldenen Stuhl". Häuptlinge und Dorfoberhäupter besaßen solche Stühle aus unterschiedlichem Material, meist aus Holz, zum Zeichen ihrer Autorität. Die eigentliche Bedeutung eines solchen Stuhls wurde jedoch lange Zeit von den Europäern mißverstanden. Sie glaubten, er sei allein ein Symbol für die Macht des Asantehene, aber sie dachten im Rahmen ihrer europäischen Kultur.

Als die Briten 1900 der Vormachtstellung der Aschanti überdrüssig waren und sie dem Empire unterstellen wollten, wurde Sir Frederick Hodgson ausgesandt, um den Aschanti zu zeigen, wer hier der Herr war. In seiner Unwissenheit demonstrierte er die Oberherrschaft des britischen Monarchen auf eine nach seiner Ansicht höchst eindrucksvollen Weise: er setzte sich auf den Goldenen Stuhl. Er ahnte nicht, daß niemand, nicht einmal der Asantehene, jemals wirklich auf diesem Stuhl gesessen hatte, weil er die Seele des Aschanti-Volkes verkörperte.

Diese Ungeheuerlichkeit brachte sie in Aufruhr. Ihr Nationalstolz verlangte Wiedergutmachung, die Aschanti ließen sich auf blutige Auseinandersetzungen mit den Briten ein. Von England kam Verstärkung, und schließlich gewannen die besseren Feuerwaffen, aber nur unter großen Verlusten an Menschenleben auf beiden Seiten. Die Aschanti verloren nicht nur den Krieg, sondern sahen allmählich auch ihre Goldquellen versiegen. Andere Stämme handelten jetzt direkt mit den Europäern.

Handel und Gewerbe an der Westküste bekamen bald andere Schwerpunkte, eine Folge der Vorgänge in Europa. Die industrielle Revolution im 19. Jh. stellte

Frankreich, England und Deutschland vor neue wirtschaftliche Tatsachen. Grundlage zu dieser Entwicklung war eine Flut von Entdeckungen und Erfindungen, die die frühere Agrarwirtschaft nun in eine industrielle verwandelte.

Die Wandlung zum Industriezeitalter veränderte die europäische Gesellschaftsstruktur völlig. Verstädterung und Industrialisierung waren die neuen Schlagworte. Diese Entwicklung verlangte Wachstum, um die Industrie zu stützen und – sozusagen als Begleiterscheinung – auch die Ausbeutung. Natürlich sah man das in Europa damals anders.

England mußte jetzt in anderen Ländern nach Rohmaterialien suchen, um die Fabriken in Gang zu halten, und Westafrika, so angenehm nahe gelegen, war eine sichere Quelle. Schließlich wurde Westafrika für England und andere Industriestaaten zu einem umsatzstarken Markt für Tuche, Stahl und einer Überfülle an Manufakturwaren wie Beile und Gewehre oder Stofflängen.

Die neuen Techniken und die Überlegenheit der Industrie machten Europa allmählich größenwahnsinnig. In zunehmendem Maße betete man nicht nur die Macht der Industrie an, man fühlte sich auch moralisch überlegen. Dieses zweischneidige Schwert brachte Afrika den Kolonialismus.

In der ersten Zeit der Beziehungen mit den Westafrikanern hatten die Europäer stets die Autorität der örtlichen Herrscher respektiert. Das wurde nun anders. Die Industriestaaten gingen den simpelsten Weg zu den ersehnten Reichtümern – sie nahmen sie einfach in Besitz. Die Konkurrenz zwischen den Staaten, der allgemeine blinde Vorwärtsdrang nach immer mehr Wachstum und industrieller Entwicklung machte es ökonomisch vernünftig, sich ein Stück vom afrikanischen Kuchen abzuschneiden – und es mit Waffengewalt zu verteidigen.

Von Anfang an lag das Schwergewicht auf der Gewinnung von Rohmaterialien für die industrialisierte Welt. Afrikanische Farmer sollten Erdnüsse, Kakao und Kaffee anbauen und Bäume zur Gummigewinnung anpflanzen; die Lieferung von Lebensmitteln für die lokalen Märkte stand erst an zweiter Stelle. Sie brachte weniger Gewinn als Erzeugnisse, die man bar bezahlen konnte. Holz, Baumwolle und Palmöl wurden in großen Mengen verladen. Als man im 20. Jh. die Bodenschätze an Mineralien entdeckte, Diamanten, Eisenerz und Bauxit, wurden auch diese nach Europa verschifft.

Aber es gab auch Nutzen für die Afrikaner. Westliche Technologien verbesserten ihren Lebensstandard, vor allem gab es zum ersten Mal Medikamente gegen die uralte Geißel der Tropenkrankheiten. Das Lesen und Schreiben, das vorher durch den Islam bekanntgemacht worden war, erlernten jetzt mehr Menschen und konnten sich damit weiterbilden.

Seit ihrer Unabhängigkeit haben die westafrikanischen Länder immer noch Rohmaterialien nach Übersee verschifft, so wie sie es auch als Kolonien fremder Staaten taten. Die wirtschaftliche Unabhängigkeit hat mit der politischen nicht Schritt gehalten, und die technische Entwicklung geht nur langsam vorwärts. Erst allmählich besinnt man sich darauf, verschiedene Industrien aufzubauen, die sich vorzugsweise auf die Bedürfnisse und Geschmacksrichtungen der örtlichen Märkte konzentrieren. Trotzdem aber zielen viele hierher importierte Industriezweige aus allen möglichen nichtafrikanischen Staaten immer noch allein auf die Ausnutzung billiger Arbeitskräfte für fremde Märkte.

Die Abwanderung in die Städte nahm in steigendem Tempo zu. Auf Westafrika entfällt etwa ein Fünftel der Landfläche des Kontinents, dennoch leben hier 100 Millionen Menschen, über ein Drittel der Gesamtpopulation Afrikas. Allein Lagos hat über eine Million Einwohner, und der Zustrom hält an. Abidjan hat seine Einwohnerzahl von 1961 – 1968 zu einer halben Million verdoppelt. Über 10 % der Bevölkerung Senegals lebt in Dakar.

Der Westafrikaner ist von der Tradition her Bauer, sein Prinzip war die Selbstversorgung. Er besorgte seine Felder vor allem, um seine Familie satt zu machen, erst dann kam der Profit. Der Ackerbau mit dem Ziel, die Ernten mit Blick auf die Überseemärkte zu verkaufen, ist ein Vermächtnis der Kolonialzeit, und viele westafrikanische Farmer haben diese Einstellung noch nicht ablegen können. Sind die Weltmarktpreise hoch, stehen sie sich gut, besser, als wenn sie die heimischen Märkte mit Pfefferschoten und Hirse belieferten. Wenn aber die Preise für Kakao, Erdnüsse oder Palmöl fallen, geht es ihnen schlecht, denn sie können die Weltmarktpreise kaum oder gar nicht beeinflussen.

Heute wird in Westafrika schon mehr Wert darauf gelegt, die heimischen Märkte mit heimischen Lebensmitteln zu versorgen und, wo es möglich ist, Industrien aufzubauen, die der eigenen Versorgung dienen, damit den Unwägbarkeiten der Welthandelspreise begegnet werden kann.

Einige ehemalige Landbewohner können sich in den Städten behaupten, aber das ist eher die Ausnahme als die Regel. Die Familien sind gewachsen, es steht weniger Land zur Verfügung und dessen Ertragsfähigkeit hat zudem nachgelassen. Sogar die hochgerühmte „grüne Welle", die vom Westen importiert wurde, konnte die Flut nicht aufhalten, denn obwohl Neuzüchtungen von Nutzpflanzen hohe Erträge bringen, sind sie auf der anderen Seite empfindlich gegen Trockenheit und Schädlinge. Sie benötigen Dünger, Schädlingsbekämpfungsmittel und Anbaukenntnisse, die weit über das hinausgehen, wozu ein kleiner Farmer fähig ist. Als Alternative bleibt für viele nur der Versuch, ein besseres Auskommen in den Städten zu finden.

Wie soll der Mann vom Lande in der Stadt leben? Was soll er tun? Diese Fragen sind nur schwer zu beantworten, denn die Stadt kann ihm keine Arbeit geben und ihn auch nicht aushalten. In den Slums und den wild gebauten armseligen Unterkünften, die die meisten Stadtgebiete umgeben, fehlt es an einfachsten Selbstverständlichkeiten wie Wasser, sanitären Anlagen oder ärztlicher Versorgung, es gibt kein Schulwesen und keine einwandfreien Häuser oder Hütten. Vor allem aber gibt es hier keinerlei Chance, Geld für einen angemessenen Unterhalt zu verdienen.

Neben der Landflucht gibt es ein weiteres Problem, das eng damit zusammenhängt: das Schreckgespenst der Bevölkerungsexplosion. In den bäuerlichen Bezirken ist es immer noch üblich, daß eine Frau alle vier Jahre ein Baby bekommt. In den Städten aber, wo die alten Familientraditionen gefährdet sind und der Nachwuchs nicht mehr geplant wird, setzt sie vielleicht alle zwei Jahre ein Kind in die Welt.

Es nützt wenig, wenn man sich hinter freiwilliger oder gesetzlicher Geburtenkontrolle verschanzt. Dieses Problem muß vielschichtig angegangen werden. Möglichst viele Menschen brauchen eine Erziehung und Ausbildung mit dem vordringlichen Ziel, den heimischen Märkten ausreichende Lebensmittel und Sachgüter liefern zu können.

In unserer endlichen Welt ist klar ersichtlich, daß die Bodenschätze wie Kupfer, Eisen, Öl, Bauxit und Diamanten, mit denen Afrika gesegnet ist, eines Tages auch zu Ende gehen. Gewinne, die im Ausland mit diesen Exporten gemacht werden, erhalten weitgehend den augenblicklichen Lebensstandard. Aber was ist morgen? Wo soll die künftige petrochemische Industrie in Nigeria ihr Öl kaufen, wenn der augenblickliche Vorrat schon erschöpft wird?

Die Politiker und Regierungen werden starke Nerven brauchen – und alle Kunst der Überredung und Beruhigung –, um ihre Leute auf eine bessere Zukunft einzustellen. Oft sind Langzeitlösungen unattraktiv, vor allem bei dem dauernd vor Augen geführten Beispiel westlicher Lebensführung, die auch die Westafrikaner erreichen möchten. Für die große Mehrheit aber ist es traurige Wirklichkeit, daß diese Träume vom besseren Leben – oder auch einem weit einfacheren Leben – utopisch sind.

56 Graziös und unbeschwert trägt eine Fulanifrau mit ihrem nukkelnden Baby Kalebassen zum nächsten Marktflecken.

57, 58 Die Fulani oder Fulbe bewohnen einen breiten Landstreifen über nationale Grenzen hinweg vom Senegal im Westen bis zum Sudan im Osten. Sie sind ein 6-Millionen-Volk, verbunden durch die gleiche Sprache (Fulfulde) und Werte, die sie von anderen Völkern Westafrikas unterscheiden. Sie sind feinsinnig und sensibel, feingliedrig und von zierlichem Wuchs. Auch ihre kaukasisch-negroiden Gesichtszüge weichen von denen anderer Stämme ab, und sie betonen dies bewußt mit Schmuck und Schminke. Diese Frauen haben Münzen in ihr Haar eingearbeitet, andere verlängern es mit Schnüren, umwickeln die Stränge dann mit Kupferdraht und verzieren sie mit Schmuckstücken.

59 Prachtvolle goldene Ohrringe - typisch für die Fulani - hängen schwer herab. Diese Frau trägt ein Band über dem Kopf, es hilft die Ohrringe tragen, die bei wachsendem Reichtum des Mannes mit dem kostbaren Metall verlängert werden.

57
58 60
59

60 Die Fulani sagen: „Sieh die Nase - erkenne den Mann." Eine kurze, gerade Nase und feingeschwungene Lippen sind für sie Sinnbild aller Tugenden. „Ein solcher Mann", sagen sie, „ist ein echter Fulani." Durch dauernde Inzucht hat die Aristokratie der Fulani diese eleganten Gesichtszüge erhalten.

Prächtig präsentiert sich dieser Fulani-Jüngling auf einem Fest, seine Vorführungen bestehen aus Tanz und Dichtkunst.

61, 62 Die Fulani sind Wanderhirten. Sie ziehen mit ihren Buk-kelrinderherden von Weideland zu Weideland zwischen der Öde der Sahara im Norden und den tsetseverseuchten Ländereien der westafrikanischen Savanne hin und her.

63 Bei einem Besuch in Gao trägt der Fulani-Hirte seine traditionelle Kopfbedeckung, dazu aber auch eine Brille.

Gegen Ende des 18. und Beginn des 19. Jh. eroberten prominente Führer der Fulani das gesamte mittlere Niger-Gebiet. Sie feuerten ihre Leute an, im Namen Mohammeds alle Ungläubigen und alle moralisch Laxen zu vernichten. Nach ihrem Sieg kehrten jedoch die meisten Fulani freiwillig zu ihrer altgewohnten Lebensweise als Wanderhirten zurück. Einige wurden in Städten wie Gao,

Kano, Sokoto und Katsina seßhaft und gelangten dort zu Macht und Ansehen.

Folgende Seiten:

64 Ernst und erhaben steht die Moschee in Djenné über dem Markttreiben. Sie ist vielleicht die außergewöhnlichste ihrer Art in Westafrika, denn in ihr vereint sich Islam mit afrikanischer Symbolik und architektonischer Tradition. Der eigenartige Effekt entsteht durch die zahlreichen Holzrippen, die zur Stützung der hohen Lehmwände und der spiralförmigen Treppen innerhalb der Minarette nötig sind. Die aufragenden spitzen Türmchen wiederholen das phallische Symbol auf dem Gebäude im Vordergrund links.

61

62 63

65 600 Jahre oder länger lebten die Dogon isoliert in den Bergen von Bandiagara südlich des großen Nigerbogens. Die Fulani hatten sie in diese natürliche Festung getrieben. Sie waren von starken Feinden umgeben und entwickelten deshalb ein fast fanatisches Ordnungsprinzip, das der Welt erst 1946 bekannt wurde, als der Anthropologe Marcel Griaule bei seinen Gesprächen mit Ogotemmêli von der kosmischen Ordnung der Dogon hörte. Griaule stellte später fest, daß die Kosmologie und der Glaube der Dogon - dazu ihre Suche nach letzten Wahrheiten - in vielen Punkten den großen Philosophien dieser Welt ähnlich sind.

Bei den Dogon ist nichts zufällig oder unerklärlich, alle Dinge haben ihren Platz und ihre Aufgabe. Dieses Ordnungsprinzip durchdringt das Leben der Dogon vom Mythos ihrer Abstammung bis zur Anordnung der Dörfer, von der Art wie Mann und Frau zusammenliegen sollen bis zu Vorschriften, wie ein Feld abzuernten ist. In ihrer verfeinerten Vorstellung des Kosmos ist der Same Inbegriff des Alls und das Weltall letzter Ausdruck des Samens.

Eine Ziege wird auf dem Dorfaltar geopfert. Seine Zickzackstruktur verkörpert die Kraft der Gegensätze, die stets im Kampf miteinander stehen und doch nach Ausgleich suchen. Diese Kraft denkt man sich als Spirale und stellt sie – seitlich gesehen – als Zickzacklinie dar. Der Altar selbst symbolisiert den männlichen Phallus, der Stein im Vordergrund zum Zermahlen der Ölfrüchte ist Sinnbild der weiblichen Genitalien. Beide zusammen drücken die Spannung der Gegensätze aus, die ein wesentlicher Bestandteil der Dogon-Philosophie ist – und mit der sich die großen Denker aller Zeiten beschäftigt haben.

Man nimmt an, daß die Glaubenslehre der Dogon den alten Naturreligionen im tropischen Afrika noch am nächsten kommt, weil dieser Stamm von fremden Einflüssen, wie z.B. dem Islam, lange verschont blieb. Im Anschluß an die Studien von Marcel Griaule haben sich Anthropologen intensiver mit den Religionen afrikanischer Stämme beschäftigt. Man fand heraus, daß es so viele Gemeinsamkeiten zwischen den einzelnen Bevölkerungsgruppen gibt, daß man von einem „afrikanischen" Selbstverständnis sprechen, ja daß man sogar von einem weltumfassenden Menschheitsbewußtsein ausgehen kann.

66 Die geopferte Ziege.

67 Geschnitzte Stützpfeiler, die Urahnen der Dogon verkörpern, tragen das schwere Strohdach der *toguna*, die als Versammlungsort der Männer dient.

66

67

68, 69, 70, In bemalten Masken, leuchtend bunten Strohröcken und mit Brustschmuck aus Kauri-Muscheln versammeln sich die Tänzer zu einer Beerdigung.

Folgende Seiten:
71 Hohe Getreidespeicher sind dicht an den Felsabbruch gebaut. Auch in ihrer Architektur spiegelt sich der Schöpfungsmythos der Dogon wider. Griaule erklärte: „Die vier Streben an den Ecken des viereckigen Daches bedeuten die Arme und Beine einer auf dem Rücken liegenden Frau (Sinnbild der Sonne). Die aufgerichteten Gliedmaßen tragen das Dach (Sinnbild des Himmels). Die beiden Beine befinden sich an der Nordseite, und die Tür an der sechsten Stufe kennzeichnet die weiblichen Geschlechtsmerkmale."

68 69

70

83

72 Auf einem Holzfloß paddelt dieser Mann am Südufer des Tschad-Sees entlang. Speer und Kleider balanciert er auf dem Kopf. Der lauwarme See, kaum mehr als zwei Meter tief, wächst und schrumpft je nach Jahreszeit; nach den Regenfällen verdoppelt sich seine Größe auf nahezu 25 000 Quadratkilometer. Aber über die weite Zeitspanne von zwei Millionen Jahren betrachtet, hat der See heute nur noch einen Bruchteil seiner einstigen Ausdehnung – und er schrumpft weiter. Zudem treiben jahreszeitliche Winde Wüstensand in das Gewässer, und eines Tages wird dieser uralte See verlanden.

73 Dieser sonnengetrocknete Fisch ist für den entfernten westafrikanischen Markt bestimmt.

74 Kanus am Ufer des Tschad-Sees.

Folgende Seiten:
75 Zur Höhe der Trockenzeit haben Sonne und Feuer diese gespenstische Landschaft in den Mandara-Bergen von Kamerun verbrannt. Wenn drei Wochen später der erste Regen fällt, legt sich schnell ein zarter grüner Schleier über die Erde.

76 Fruchtbarkeit, Fleiß, Bescheidenheit – und kräftige Arme –
gehören in weiten Teilen Afrikas zu einer guten Frau. Die Frauen
eines begüterten Sirigu flechten Körbe im sauber gefegten Hof ihrer Wohnstätte.

77 Stilleben auf einem Gehöft der Sirigu.

78 Noch vor einem Jahrhundert war dieser Kappenschmuck
Geld, denn Kauri-Muscheln galten als allgemeines Zahlungsmittel
in weiten Teilen Westafrikas.

Diese „Muscheln" haben kaum einen wirklichen Wert; aber die
Tatsache, daß sie bequem zu handhaben und leicht zu zählen sind,
daß sie sich kaum abnutzen und man sie auch schwer fälschen kann,
erklärt ihre Beliebtheit als Zahlungsmittel in Afrika wie auch in
vielen anderen Teilen der Welt.

Ursprünglich kamen diese Schnecken von den Inseln des Indischen Ozeans über Nordafrika nach Westafrika. Sie waren das
„Kleingeld" in einem System, das Gold als Hauptwert kannte.

Später brachten europäische Händler riesige Mengen von Kauri-Muscheln für ihre Geschäfte mit den Eingeborenen ins Land.
Schon bald merkten die schwarzen Mittelsmänner, daß die Muscheln an Bedeutung verloren. Sie wurden nicht mehr als Wert angesehen und allmählich nur noch als Schmuck verwendet.

Folgende Seiten:
79 Auf ein Signal hin stürzen sich Hunderte von Männern in den
Fluß bei Argungu zum jährlichen Fischer-Wettbewerb. Flaschenkürbisse sind Teil ihrer Ausrüstung.

81 82

Vorige Seiten:
80 Im Randgebiet von Kano, eine der sieben wichtigsten Haussa-Städte, trocknet die Wäsche im frühen Abendlicht. Man hat sie über niedrige Büsche gehängt.

81 Ein prächtig aufgeputzter Trommler aus der Prozession des Emirs von Katsina kündet das Ende des mohammedanischen Fastenmonats Ramadan.

82 Mit glanzvoller Begleitung reiten Würdenträger zum Dur-
bar-Fest in Kano. Es ist ein Reiterfest, die Pferde sind mit viel Gold
aufgezäumt, und bewundernd drängeln sich die Haussa in den engen Gassen. Sowie der Zug vorbei ist, gehen die Leute wieder ihrer
gewohnten Beschäftigung nach als Kaufleute, Händler oder
Handwerker.

Der blühende Handel in Kano ist keine neue Erscheinung.
Lange bevor die Europäer hierher kamen, war die Stadt ein hoch-
organisiertes – und außerordentlich erfolgreiches – Handelszen-
trum. Aber die Haussa waren nicht nur Zwischenhändler, sie verstanden auch viel vom Ackerbau und erzeugten mehr Nahrungsmittel, als sie benötigten. Zweifellos lockte diese Tatsache auch
Händler aus anderen Gebieten an. Bereits 999 v. Chr. – hier be-

ginnt die überlieferte Geschichte Kanos – nutzten die Haussa ihre
günstige Lage an einer der wichtigsten Trans-Sahara-Handels-
straße für ihre Geschäfte.

Die Haussa taten sogar noch mehr. In den städtischen Bezirken,
die sich um die alten Marktplätze entwickelten, übernahmen sie die
Ideen und Fertigkeiten der Händler aus dem Norden Afrikas, vor
allem bauten sie eine sehr erfolgreiche Textilindustrie auf. Grundlage war die heimische Baumwolle, die mit dem berühmten Indigo-
blau gefärbt wurde. Als der Reisende Heinrich Barth 1851 in diese
Metropole kam, schätzte er den Wert des Tuchexports allein auf
etwa dreihundert Millionen Kauris – heute etwa $ 100.000.

83 In heißer Sonne auf einem Marktplatz im mittleren Nigergebiet wartet eine Kalebassenverkäuferin geduldig auf Kunden. Ihr Schmuck ist aus reinem Gold.

84 Hartnäckig feilschen die Frauen im Marktlärm.
Das westafrikanische Marktsystem hat sich über viele Jahrhunderte entwickelt. Man findet Spezialitäten wie auch Allerweltswaren. Die Abteilung auf diesem Bild verkauft Krüge und Flaschenkürbisse, aber an anderer Stelle kann man alles kaufen, von englischen Stoffen und Taschenlampenbatterien bis zu heimischen Pfefferschoten und marokkanischem Leder. Die Preise werden täglich neu festgesetzt. Kinder machen sie überall in der Stadt bekannt und lernen somit früh das Auf und Ab in Handel und Gewerbe.
Westafrikanische Bauern pflanzen das an, was ihnen den größten Profit bringt. Manches wandert natürlich in den eigenen Kochtopf, aber stets behält der Landwirt den Markt im Auge. Für den Verkaufserlös erwirbt er Dinge, die er nicht selbst produzieren kann oder die er günstiger von anderen kauft.

Vorige Seiten:

85 Gute Feldbestellung und Wohlstand erkennt man hier sofort. Die Hütten in diesem nigerianischen Bezirk sind sauber und ordentlich mit Stroh gedeckt.

Während die Savannen Ost- und Südafrikas von Viehzüchtern genutzt werden, leben in Westafrika mit seinen verhältnismäßig fruchtbaren Böden und ausreichendem Regenfall vor allem Bauern. Sie kennen ihr Land und nutzen es auf bewundernswerte Weise. Sie düngen, betreiben Fruchtwechsel und lassen Teilstücke zur Regeneration unbebaut. Wenn auch ihre Methoden keine so überwältigenden Ernten bringen wie etwa die der Weizenfarmer in Saskatchewan, so brauchen sie dafür auch weniger an Geräten, Maschinen, chemischem Dünger und Schädlings-Bekämpfungsmitteln.

86 Steif posiert ein abgesetzter Bamileke-Häuptling vor einigen Symbolen seiner einstigen Macht. Neben ihm sitzt sein Diener, und links steht der allein übriggebliebene Ratgeber.

87 Zwölf Frauen teilen sich diese große Küche in einem Haus in Nordkamerun. Die Einrichtung besteht aus einem robusten Tisch zum Zermahlen, einem „Schrank", verschiedenen Ablagestellen unter dem Strohdach und einem Feuerplatz.

88

89

88 Diese Nachbildung einer Elfenbein-maske der Benin im Britischen Museum wurde zum Symbol der Festac – aufse-henerregenden Festspielen, die vor eini-gen Jahren in Lagos stattfanden.

89 Neue Unabhängigkeit und Kon-takte mit der Außenwelt zeigen sich in dieser modernen Skulptur in Oschogo.

90 Früher war die afrikanische Bild-hauerkunst ausgesprochen konservativ und änderte sich über Jahrhunderte hinweg nur wenig. Diese geschnitzte Fi-gur in traditionellem Stil symbolisiert das afrikanische Ideal der Fruchtbarkeit und der Zeugung vieler Kinder.

91 Eine gebildete, aufgeklärte und anspruchsvolle Frau aus dem Senegal. Sie gehört zur städtischen Oberschicht.

92 Die Wolkenkratzer von Lagos sind Zeichen des Wohlstandes, der sich durch das reiche Ölvorkommen in Nigeria entwickelte. Sie bilden aber auch einen scharfen Kontrast zur Armut der vielen, die hierher kamen, um am nationalen Aufschwung teilzuhaben.

Landflucht ist eines der größten Probleme im modernen Afrika. Die meisten Zuzügler vom Land glauben, daß die Städte bessere Lebensbedingungen bieten. Den jungen Leuten, besonders denen mit etwas Bildung, versprechen die Städte Anregungen, neue Freiheiten und – vor allem – mehr Geld. Die Wirklichkeit indes ist weit davon entfernt. Meistens landen diese Leute, ohne Arbeit und unzufrieden, in den Barackenvierteln, die heute in afrikanischen Städten zu einem so gewohnten Anblick geworden sind. Die Ursache für diese Entwicklung liegt teils in der wirtschaftlichen Struktur des Landes aus den Kolonialzeiten, als die Industrienationen der Welt begannen, Rohstoffe und Arbeitskräfte auszubeuten. Nur wenige Länder Afrikas haben es im Gefolge ihrer Unabhängigkeit verstanden, diese Struktur zu ändern. Die meisten blieben abhängig vom Export einiger weniger Hauptprodukte; es gelang ihnen nicht, ihre Wirtschaft vielfältiger zu gestalten und neue Arbeitskräfte zu schaffen, damit der natürliche Reichtum vielen Menschen zugute kommen kann.

Aber während die Regierungen fieberhaft nach Lösungen suchen, strömen die Menschen weiter in die Städte und liefern in steigendem Maß sozialen und politischen Zündstoff.

93 Die Flammen der abgefackelten Gase über einer der Ölquellen Nigerias.

Vorige Seiten:
94 Gleichmäßiger, dröhnender Trommelschlag begleitet das Eintauchen schwerer Riemen bei einer Regatta, die im Rahmen der Festac-Festspiele in Lagos stattfindet.

95 Für westafrikanische Frauen sind Flaschenkürbisse beliebte „Einkaufskörbe", die mühelos über weite Strecken auf dem Kopf getragen werden. Nahrungsmittel verderben in der feuchten Hitze sehr rasch, deshalb ist ein täglicher Marktbesuch notwendig. Hier kaufen die Frauen auch neue Kalebassen, ihre alten lassen sie vielfach beim Kalebassenflicker reparieren, der die Risse mit Pflanzenfasern zusammennäht.

96 Für die traditionelle Namensgebung ihrer Nichte hat diese junge Frau ihr Haar besonders hübsch machen lassen. Die Frauen verbringen Stunden, wenn sie sich gegenseitig neu frisieren. Zunächst wird die alte Frisur mit einem langzahnigen Kamm ausgekämmt, dann wird das Haar fein gescheitelt. Die kurzen lockigen Strähnen werden mit Baumwolle oder Schnur verlängert, geölt und schließlich zu neuen künstlerischen Mustern geflochten.

97 Frauen in Ghana auf einem übervollen Tomatenmarkt. Die Kleinkinder sind immer mit dabei.
  Tomaten, wie auch Ananas und Papayamelonen, sind nicht afrikanischer Herkunft. Portugiesen brachten sie aus Mittel- und Südamerika mit. Während die Afrikaner die fremde Tomatenfrucht sofort annahmen, kam sie den Europäern zunächst verdächtig vor. Man hielt sie für giftig und ignorierte sie fast 200 Jahre lang, bis eine Zeitung 1822 ihre Vorzüge überschwenglich anpries.
  Für Afrika spielten jedoch der eingeführte Mais und die Maniok eine viel größere Rolle als die Tomate. Beide Pflanzen boten nahrhafte Alternativen zur heimischen Hirse und Yamswurzel, sie verbreiterten das Angebot an Grundnahrungsmitteln und verringerten die Gefahr von Hungersnöten.
  Nahrungsmittel und Bevölkerungszuwachs hängen zwar voneinander ab, dennoch kann die Tatsache, daß ein Drittel der Bevölkerung Afrikas im Westen lebt, nicht nur auf die bessere Ernährungsgrundlage zurückgeführt werden. Die Gründe für die augenblicklichen Bewohnerzahlen sind im einzelnen schwer ausfindig zu machen, hier spielen feine Zusammenhänge von Faktoren wie Umgebung, Geschichte, Politik und Lebensart der verschiedenen Bevölkerungsgruppen eine große Rolle.
  Auf jeden Fall aber ernährt der Ackerbau eine viel größere Bevölkerungszahl als vergleichsweise Weidewirtschaft oder die Jäger-Sammler-Tätigkeit, und dies ist sicher mit ein Grund für die Konzentration der Menschen in diesem Teil Afrikas.

110

95

96

98

99

98 Ein Fischer geht seiner täglichen Arbeit nach, andere staken ihre schwerbeladenen Kanus über den Nokwe-See, um das getrocknete Schilfrohr auf den Märkten am Ufer zu verkaufen.

99 Mehr als 10 000 Menschen leben in Ganvié, einem Pfahldorf im Nokwe-See. Mitte des vorigen Jahrhunderts siedelte sich das Fischervolk mitten auf dem See an, denn hier waren sie vor Sklavenjägern sicher. Als sie umsiedelten, entdeckten sie noch weitere Vorteile: Mitten auf dem See waren sie auch vor den Malaria-Moskitos sicherer als an den schilfigen Ufern, und ihre traditionellen Fischgründe lagen nun direkt vor der Haustür. Der Tourismus wurde zu einem besonders lukrativen Geschäft für Ganvié, der Handel mit dem Strom von Schaulustigen hat das einst stille Dorf und auch die einstigen Fischer völlig verändert.

Vorige Seiten:

100 Diese Aschantifrauen in leuchtenden Trauergewändern singen weinend und jammernd die Totenklage für ihren König.

101 Die Trommeln, die zu den Menschen „sprechen", sind Teil eines sorgfältig ausgearbeiteten und ritualisierten Glaubensbekenntnisses, das die Führer der Aschanti entwickelten, um ihr Volk zusammenzuhalten. Der Außenwelt weit besser bekannt ist der „Goldene Stuhl", der die Seele des Stammes verkörpern soll.

102 Zigaretten rauchend vertreiben sich die Vornehmen der Aschanti bei einem traditionellen Spiel die Zeit. Hast und Eile sind ihnen unbekannt.

103 Der Rat der Aschanti tritt zusammen, um Dinge zu besprechen, die alle angehen. Der neue *Asantehene* oder König, der 19. in einer Dynastie, die auf den Beginn des 17. Jh. zurückgeht, präsidiert unter einem riesigen Schirm, Zeichen seines obersten Ranges. Er hat in jeder Angelegenheit das letzte Wort.

104 Ein betagter Häuptling bei den Bestattungszeremonien des alten *Asantehene*. Durch einen schrecklichen, jahrelangen Krieg zwischen Großbritannien und seinem Volk, an dem sein Vater teilnahm, wurde 1900 schließlich die 200 Jahre alte Herrschaft der Aschanti beendet.

Die Aschanti waren einst Unterdrückte – und sie wurden selbst zu Unterdrückern. Ursprünglich waren sie eine Gruppe entfernt verwandter Stämme, die sich gegen feindliche Nachbarn zusammenschlossen. Fähige, ehrgeizige Führer schweißten sie zu einer starken Kriegsmacht zusammen, sie wurden gutsituierte Unternehmer und trieben Handel mit Gold zwischen ihrem Hinterland und den Europäern an der Küste.

Zu Anfang waren Gold und die Aschanti wie ein Begriff. Sklaven mußten das Gold an den Flüssen auswaschen und nach den wertvollen Goldklümpchen schürfen. Und als es offenbar wurde, daß man noch reicher werden konnte, wenn man Sklaven an Europäer verkaufte, da stiegen die Aschanti auch in dieses Geschäft ein.

Gegen Mitte des 18. Jh. war der gesamte westafrikanische Gold- und Sklavenmarkt in den Händen der Aschanti. Aber die rivalisierende Machtpolitik der Aschanti und Briten konnte kein gutes Ende nehmen, und schließlich wurden die Aschanti zu Beginn des 20. Jh. nach viel Blutvergießen unterworfen und dem Britischen Empire einverleibt. Heute bauen die Aschanti Kakao an, und ihr Königreich ist nur noch ein schattenhafter Teil der dynamischen Vergangenheit Westafrikas.

105

105 Überall an der westafrikanischen Küste wird getrockneter Fisch auf den Märkten verkauft.

106 In St. Louis im Delta des Senegal ist der Strand ein beliebter Treffpunkt. Hier schwatzen die Männer miteinander oder machen Geschäfte.

Die Westafrikaner sind keine großen Seefahrer, aber sie kennen ihre trügerische Küste mit den Sandbänken und den gefährlichen Strömungen genau. Auch daß es nur wenige Häfen gab, muß seinerzeit die Europäer auf ihrer Suche nach festen Stützpunkten auf diesem Kontinent enttäuscht haben. Dennoch waren diese Tatsachen für die Seeleute des 16. und 17. Jh. kaum ernstliche Hindernisse. Wären ihnen die unermeßlichen Schätze des Schwarzen Kontinents bekannt gewesen, hätten weder Malaria noch die feindselige Haltung der Eingeborenen sie ferngehalten. So aber begnügten sie sich mit dem Handel entlang der Küste, sie kauften Gold, Skla-

ven und Elfenbein und lieferten dafür Salz, Lebensmittel und billige Glasperlen.

Im Laufe des 19. Jh. änderte sich dieses Gleichgewicht der Handelsbeziehungen. Die aufkommende Industrie verwandelt Britanniens bäuerliche Wirtschaft, Verstädterung und Industrialisierung setzten überall ein. Das neue System brachte ökonomische Zwänge mit sich, die Europäer mußten nach Rohstoffen suchen und neue Märkte erschließen. So wurden die Schiffe der Afrika-Route nun schwer beladen mit Eisentöpfen aus Birmingham sowie Tuchen aus Manchester und kamen ebenso schwer beladen mit Rohstoffen wieder zurück.

Vom Feilschen mit den schwarzen Händlern, die die Rohstoffe lieferten, bis zum eigenen Anspruch darauf war dann nur noch ein kleiner Schritt. Die rivalisierenden Industriemächte Europas sicherten sich Teile von Afrika und verteidigten sie erbittert. Der Kolonialismus in Afrika hatte begonnen.

107 Die saftiggrüne, von Wasserläufen durchzogene Landschaft im tropischen Teil Afrikas scheint außergewöhnlich fruchtbar zu sein. Landwirte waren überzeugt, daß nur sehr reiche Böden ein so üppiges Wachstum hervorbringen könnten. Aber als sie die Wälder gerodet und die Felder bestellt hatten, mußten sie erfahren, daß die Böden im tropischen Afrika sehr arm sind. Erst jetzt zeigte sich, daß alle Nährstoffe von den Bäumen und dem dichten Unterwuchs aufgesogen waren, nichts in der Erde blieb ungenutzt. Mit jedem großen Baum, den man gefällt und nach Übersee verschifft hatte, hatte man auch die lebenswichtigen Nährstoffe des Waldes verschifft.

Mit dieser Erkenntnis können die Entwicklungsorganisationen jetzt wählen: Entweder werden Afrikas Tropenwälder weise, sorgsam und mit Zurückhaltung genutzt, daß ihre Produktivität erhalten bleibt – oder man ignoriert diese Warnung und zerstört sie für immer.

108 In den zentralafrikanischen Tropenwäldern leben die Pygmäen. Diese Mutter und ihr Kind tragen bunte Farbtupfer im Gesicht, um Gefahren abzuwenden. Wie seine Eltern wird auch das Baby kaum größer als 1,50 Meter werden.

Warum die Pygmäen diese heiße, feuchte und schattige Gegend zu ihrer Heimat gemacht haben, weiß man nicht. Sie paßten sich ihr aber so gut an, daß sie leicht einen Sonnenstich bekommen, wenn sie das schützende Halbdunkel verlassen.

109 Dieser junge Pygmäe hat eine Bewegung im Laub bemerkt und spannt bereits den Bogen.

110 Die Pygmäen sagen, ein hungriger Pygmäe sei auch ein fauler Pygmäe, denn der Wald versorgt sie reichlich mit allem, was sie brauchen. Diese Männer haben einen Elefanten getötet, der in ihr Territorium eingedrungen ist.

111 In Afrika fühlen sich nur die Pygmäen in einer solchen Umwelt sicher und frei. Andere Stämme, die roden mußten, um ihre Felder an den Waldrändern zu bestellen, sehen dies mit Neid, fast Feindseligkeit.
Die Beziehungen zwischen den beiden Eingeborenengruppen zeigen ihre diametral entgegengesetzte Haltung dieser Umgebung gegenüber; dennoch hat man die Symbiose zwischen ihnen lange mißverstanden. In Gegenwart der größeren bäuerlichen Schwarzen erscheint der Pygmäe unterwürfig, fast knechtisch, er gibt Waldprodukte und Arbeitskraft für scheinbar wenig Entgelt. Neuere Forschungen haben jedoch gezeigt, daß der Pygmäe diese Beziehungen willig aufrechterhält; er beliefert Außenstehende zwar mit dem, was der Wald bietet, hält sie damit aber gleichzeitig fern von seinem eigenen Lebensraum.

10

11

Vorige Seiten:
112 Das Fleisch von zwei getöteten Wildschweinen wird in große Blätter gewickelt und mit besonderen Schlingen zum nahen Lager getragen. Der Wald versorgt die Pygmäen nicht nur mit Fleisch, mühelos finden die Frauen auch reichlich Pilze, Nüsse, Früchte und Wurzeln.

113 Der Kongo ist ein etwa 4 700 km langer Wasserweg in das Innere Zentralafrikas. Die tiefer gelegenen Strecken des Flusses und seine langsam fließenden Nebengewässer sind schiffbar, weiter stromaufwärts jedoch können Schiffe wegen der vielen Wasserfälle und Stromschnellen nicht mehr eingesetzt werden.

114 Trotz ihrer gewaltigen Größe – ein starkes Männchen kann 1 000 kg wiegen – leben Gorillas auf Bäumen. Dort fressen und ruhen sie und bauen ihre Nester, in denen sie nachts schlafen. Der große Reichtum des Kongobeckens brachte indes viele Menschen in die Territorien der Gorillas mit der Folge, daß diese Tierart heute in ihrem Bestand gefährdet ist.

113   114

127

Ostafrika

Auf Satellitenaufnahmen unserer Erde erkennt man das Große Rift Valley – auch der Große Graben genannt – als tiefen Riß durch den afrikanischen Kontinent. Vom Roten Meer im Norden zieht sich das Rift parallel zur afrikanischen Ostküste über mehr als 8000 km bis zum Malawi-See. Sein Einfluß reicht sogar noch weiter bis zu den Mgadigadi-Salzpfannen in Botswana.

Afrika wird von den gleichen Urkräften auseinandergerissen, die einst das vorgeschichtliche Gondwanaland zerteilten. Afrika blieb als stabiler Kern zurück, während andere riesige Landstücke langsam nach Osten, Süden und Westen abdrifteten – die heutigen Kontinente Südamerika, Antarktika und Australien.

Das Rift Valley entstand nicht durch eine einzelne große Katastrophe, sondern ist das Ergebnis gewaltiger unterirdischer Druckwellen an parallel verlaufenden Rissen in der Erdkruste. Im Laufe von vielen Millionen Jahren sank der Landstreifen zwischen diesen Rissen ab und hinterließ die heutige typische Grabenbildung.

Vor nur einer Million Jahre – nach geologischen Zeitrechnungen also vor kurzem – waren die Ränder des Tales teilweise höher, und es gab neue Schichtbrüche am Talboden. Und während der vergangenen 11 Millionen Jahre, seit der Hauptgrabenbruch stattfand, hat es immer wieder geologische Verwerfungen und Erdbewegungen gegeben. Sogar heute noch sind entlang des Rifts 30 Vulkane tätig, und uralte Kegel und Lavaflüsse vieler weiterer Vulkane haben ihre Spur in physikalischen Überresten und chemischen Zusammensetzungen der ostafrikanischen Erde hinterlassen. Die Danakilsenke im Norden meldet heftige Erdstöße, und weit im Süden, in den Sümpfen des Okavango, bebt die Erde und bekundet ab und zu, daß tief im Innern immer noch Urkräfte am Werk sind.

Dieser riesige Bruch, dessen gewaltige Ausmaße sogar aus dem Weltraum erkennbar sind, übte immer einen großen Einfluß auf den Erdboden aus und bestimmt in Ostafrika auf seiner ganzen Länge das Leben der Menschen.

Wenn man das Große Rift Valley durchquert, erlebt man noch ein Stück Ur-Afrika, ein Afrika, das von der Außenwelt fast unberührt geblieben ist. Weit im Norden des Rifts sind wenig Anzeichen menschlicher Anwesenheit zu finden, hier können Menschen kaum existieren. Die Danakilsenke ist eine glühendheiße Wüste, die 150 m unter dem Meeresspiegel liegt. Glit-

*„Sein Wissen hat
den Menschen irregeführt,
ihn verrohen lassen
und ihn bis an den Rand
der Selbstzerstörung
gebracht.
Um zu überleben,
muß er nicht nur
sich selbst, sondern
auch seine Umwelt begreifen."*

G. C. Last,
Man and Africa, 1965

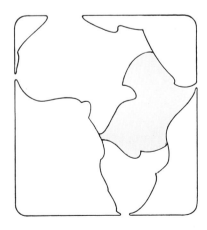

115 Wolken von Staub wirbeln auf, wenn die Zebras mit donnernden Hufen über die Savanne geloppieren.

zernde Salzebenen werden von eigenartigen Felsrücken und Vulkanresten unterbrochen; Wasser gibt es nur im südlichen Teil, wo der Awash-Fluß vom äthiopischen Hochland herabkommt, sich aber in der erbarmungslosen Wüste verliert und schließlich versiegt.

Hier leben nur die Afar, etwa 200 000 Seelen, bekannt wegen ihrer Grausamkeit, ein Volk, das so hart und unerbittlich ist wie seine Umgebung. Abgesehen von einigen, die von der Salzgewinnung aus der Wüste leben, sind die meisten Afar Hirten; sie halten sich nahe an die Flußufer und wachen eifersüchtig über ihre Rechte am Wasser. Wie sonst sollten sie auch leben können? Die mageren Weiden erlauben nur ein kümmerliches Dasein.

Das Salz in der Danakilsenke ist ein Überbleibsel aus der Vergangenheit, als dieses Wüstengebiet noch Teil des Roten Meeres war. Vor etwa 10 000 Jahren schwammen hier Fische; dann gab es neue Erdverwerfungen, eine Bergkette entstand im Norden und schnitt das Gebiet vom Meer ab. Hinter dieser neu entstandenen Barriere ließ die gnadenlose Sonne alles Wasser verdampfen. Zurück blieb eine Salzkruste, die die Afar in Blöcke hacken und auf den Märkten gastlicherer Regionen in Äthiopien verkaufen.

Während es in der Danakil-Wüste kaum regnet, stürzen heftige Regengüsse auf die westlichen und südlichen Hochlandgebiete Äthiopiens nieder. Sie waschen nicht nur viel Salz aus, sondern erodieren auch die oberen Erdschichten. Rotgefärbte Sturzbäche ergießen sich dann in den Nil im Westen, in den Awash und in die ostafrikanischen Nachbarflüsse im Süden. Die Wolkenbrüche im tropischen Afrika hatten schon seit jeher – allein durch die Wucht des Aufpralls – die Kraft, die Erde wegzureißen, wenn nicht Bäume, Büsche oder eine Grasnarbe den Boden schützten. In Äthiopien wird aber diese schützende Pflanzenschicht in gefährlichem Maße vernichtet. Der Druck einer zu hohen Bevölkerungsrate zeigt sich deutlich in der Erosion, die einst fruchtbare Gebiete heute in öde Landschaften verwandelt. Diese Schäden wirken sich gerade hier besonders schwer aus, weil Äthiopien ein Bergland mit scharfem Relief ist. Ohne den Pflanzenbewuchs und die Wurzeln, die das Wasser so lange halten, bis es nur noch langsam und sickernd abfließt, stürzt das Wasser durch seine Schwerkraft schnell in die Täler ab und ist verschwunden und verloren. Gegen Ende der acht trockenen Monate zwischen November und Mai warten die Äthiopier sehnlichst auf Regen, der die Pflanzen wieder zum Leben erweckt. Heute bringen die Regenfälle ebensoviel Schaden wie Nutzen mit sich, gerade in den Gebieten, wo man so dringend auf sie angewiesen ist.

Obwohl Äthiopien ein abschreckendes Beispiel für die zerstörenden Erosionskräfte des Wassers darstellt, ist es doch kein Einzelfall in Afrika. Vom Sudan bis nach Kenia und weiter südlich zu den Ostteilen Südafrikas weist das Land viele solcher sterilen Schandflecken auf, das Ergebnis menschlichen Fehlverhaltens. Das Grundübel ist die rapide ansteigende Bevölkerungsziffer und damit eine Überbeanspruchung des Bodens, der sich nicht mehr erholen kann.

Immer mehr Münder müssen gestopft werden (trotz des Völkermords, den Krieg und Hungersnot in den 1980er und Anfang der neunziger Jahre auslösten), und nur vom Land ist das Notwendigste zu erhoffen: Nahrung, Wasser und Brennholz. Fast 90% der äthiopischen Bevölkerung leben noch auf dem Lande und halten in der Landwirtschaft durch Fruchtwechselwirtschaft, Brachfelder und durch sorgsam angelegte Terrassen an Steilhängen, um der Bodenerosion entgegenzuwirken, an althergebrachten Methoden fest. Rinderherden weiden im Hochland, während die allgegenwärtige Ziege auch bei der kargsten Nahrung gedeiht. Dieser Art der Bewirtschaftung ist es zu verdanken, daß sich die Methoden der Äthiopier schon seit Jahrhunderten bewähren.

Die Bewohner Äthiopiens sind kein homogenes Volk, obwohl die meisten Amharisch sprechen. Über die Hälfte gehört zu den Galla-, Somali- und Afarstämmen, die schon in sich nicht reinblütig sind. Man nimmt an, daß in ihren Adern phoenizisches und altägyptisches Blut fließt sowie das von Berbern und negroiden Volksstämmen. Später kamen noch semitische Einkreuzungen von der anderen Seite des Roten Meeres hinzu. Arabische Händler waren durch Äthiopien gekommen, um Waren im Inneren Afrikas einzukaufen. Später wurde das äthiopische Hochland dann besiedelt; das Königreich Axum entstand. Seine Herrscher entstammten einer Dynastie, die nach der Legende auf König Salomo und die Königin von Saba zurückging. Der jeweilige König der Könige, der Negus, herrschte über das heutige nördliche Äthiopien und westlich über Gebiete bis zum Blauen Nil. Ihr Handel erstreckte sich bis

nach Griechenland und Syrien, und ihre Waren widerlegen das allgemeine Bild von Afrika, das nur die Quelle für Gold, Sklaven und Elfenbein gewesen sein soll. Periplus beschreibt im ersten Jahrhundert n. Chr. die Handelsgüter: „. . . Rohleinen, in Ägypten für die Berber hergestellt; Gewänder von Arsinoe; lose Mäntel minderer Qualität in verschiedenen Farben; doppelt gesäumte Leinenumhänge; viele Artikel aus Kieselglas und andere aus Murrhine, in Diaspolis gefertigt; Kupfer für Schmuckwaren, ein Metall, das man auch – in Stücke geschnitten – als Münzen verwendet; weiches Kupferblech für Kochgeräte oder für die Arm- und Fußbänder der Frauen; Eisen für Speere, die man für die Jagd auf Elefanten und andere wilde Tiere benutzt wie auch als Kriegswaffen.''

Neben Waren tauschte man ebenfalls Gedankengut aus. Im 4. Jh. brachten Missionare das Christentum nach Äthiopien. Der Negus selbst wie auch der Adel traten über, und später folgten viele Untertanen diesem Beispiel. Während der folgenden zehn Jahrhunderte gab es immer wieder Auseinandersetzungen zwischen den Christen in Abessinien (so nannte man Äthiopien früher) und den Moslems in den umgebenden Gebieten. Das hatte zur Folge, daß sich die Abessinier nur auf sich selbst konzentrierten und dem Rest der Welt den Rücken kehrten. Durch Zusammenhalt gegen Feinde wurde eine Nation geboren.

Ihre Isolation brachte eine gewisse Unabhängigkeit mit sich, die sich im alltäglichen sowie geistigen Leben offenbarte. Trotz der internen Zwietracht, Dürre und des Bevölkerungswachstums könnte sich Äthiopien heute noch selbst versorgen, während die koptische Kirche den Mittelpunkt bildet, den ein Volk so unterschiedlicher Herkunft dringend braucht.

Doch die heutigen Probleme Äthiopiens betonen gerade die eingewurzelten Zwistigkeiten der Bevölkerung, die nicht nur auf uralten Fehden zwischen Arabern und Christen, sondern auch auf Territorialansprüchen beruhen. Vor zwei Jahrzehnten empörte sich die Provinz Eritrea gegen die Zentralregierung und leitete den jahrelangen Freiheitskampf ein, bis es im Juni 1993 endlich unabhängig wurde. In wesentlich kleinerem Rahmen machen sich alteingesessene Bauern gegenseitig gewisse Randgebiete streitig, nämlich noch nie urbar gemachte Steilhänge und Dürregebiete. Aus dem bereits bewirtschafteten Land pressen sie das

Letzte heraus. Zur Bereitung ihrer Mahlzeiten schlugen sie den Baumbestand für Brennholz ab, und wo der jahrelang ausgebeutete Boden nichts mehr hergibt, weiden jetzt obendrein Rinderherden. Zertreten und abgegrast läßt das ausgemergelte Erdreich bald kein einziges Hälmchen mehr wachsen.

Die Dürren, die Äthiopien vor allem zu Anfang der siebziger und später in den achtziger Jahren heimsuchten, waren nicht nur Warnzeichen der mißbrauchten Natur, sondern brachten großes Elend über die Menschen und vernichteten auch die verbliebene, spärliche Vegetation des geknechteten Landes. Als der Regen endlich einsetzte, verwandelte er das Land in eine von Rinnsalen durchzogene Einöde, deren Humusschicht – die Voraussetzung für künftige Ernten – fortgeschwemmt wurde. So verliert der äthiopische Bauer allmählich seinen Humusboden und die Hoffnung auf Alternativen. Solange sich seine Familie ständig vergrößert und ihm kein nutzbares Land zur Verfügung steht, muß er dem Unglück ins Auge sehen. Unter diesen Umständen nimmt es nicht wunder, daß sich in dem Gebiet die Aggressionen häufen.

Äthiopien ist natürlich nicht das einzige Land, das die schrecklichen Dürren heimsuchten, denn auch Somalia, Nordkenia, der Sudan, ja, der gesamte Rand der Sahelzone bis nach Mauretanien sind betroffen. Die Dürre forderte Millionen Menschenopfer, und weitere Millionen, vor allem Kinder, sind dauergeschädigt. Als die verzweifelte Lage der Menschen in diesen Gebieten bekannt wurde, setzten weltweite Hilfsaktionen ein, doch erreichten die Hilfsgüter selten die Notleidenden, da sich bekämpfende Splittergruppen, die Gier und Korruption der hiesigen Beamten sowie der gänzliche Mangel an Verkehrsmitteln die Verteilung hemmten. Die Opfer, die die Dürren forderten, gehen weit über die Verluste an Menschenleben und Vieh hinaus: Millionen unterernährter Kinder mit unheilbarer Hirnverletzung und Erblindung werden später die zur Verfügung stehenden Ressourcen des Gebiets erneut belasten.

Dennoch – wenn man über weite Zeiträume denkt, war diese Trockenzeit eigentlich nicht die schlimmste Erfahrung in der Sahelzone. Warum war aber dieses Mal das Leiden so schwer, warum die Verluste so hoch? Die Nuba, die Karamajong und andere Stämme haben ihre Herden hier seit Jahrhunderten geweidet, und obwohl die mündliche Überlieferung von anderen Jahren berichtet, in denen der Regen ebenfalls ausfiel – niemals hat es eine solche Katastrophe gegeben. Die Shilluk und Massai haben in der Vergangenheit gleichermaßen harte Dürrezeiten erlebt. Warum jetzt diese verheerenden Folgen?

Die Sahelzone ist ein Übergangsgebiet. Hier beginnt die absolute Trockenheit der Wüste einem freundlicheren Klima zu weichen; Regen, wenn auch unzuverlässig fallend und streng jahreszeitlich gebunden, hält die harten Gräser und trockenheitsresistenten, meist dornigen Bäume am Leben.

Wenn man am Großen Graben entlangfliegt und über die Danakil-Wüste nach Süden zum Turkana-See (früher Rudolf-See) kommt, erkennt man an der Grenze zwischen Äthiopien und Kenia den Charakter der Sahelzone, denn hier beginnen die Savannen. Dies ist gleichzeitig eine Art Kriegsfront zwischen der trostlosen Wüste und den fruchtbareren Gebieten. Heute, da der Mensch unachtsam und geradezu fahrlässig den Feind Wüste unterstützt, dringt das Gespenst Sahara in breiter Front etwa 50 km jährlich vor. Es ist durchaus möglich, daß stärkere Kräfte klimatischer Verschiebungen ebenfalls am Werk sind, aber durch das Vernichten letzter Vegetationsreste macht der Mensch den Sieg der Sahara möglich, und dies immer schneller und sicherer.

An beiden Seiten des Rifts erstrecken sich die hochgelegenen und weitgehend monotonen Ebenen des afrikanischen Plateaus. Anfangs zeigen sie eine Steppenvegetation mit einzelnen grasbewachsenen Stellen und kleinen niedrigen Büschen. Aber wenn man die Hunderte von Kilometern afrikanischer Savanne weiter überquert, wird der Graswuchs nach und nach voller, und vereinzelt gibt es Bäume. Noch weiter südlich, wo mehr Regen fällt, steht das Gras hoch und dicht; es ist frischgrün nach dem Regen und wird allmählich in der Trockenzeit rauh und gelb. An manchen Stellen stehen Bäume in Gruppen beisammen, und die Flußufer sind grün gesäumt. In einigen Gebieten herrschen Bäume vor, sie wirken wie ein Baldachin aus Spitze über dem Land. Dies ist die afrikanische Savanne in ihrer vielfältigen Gestalt und – anders als die Wüsten – die am weitesten verbreitete Landschaftform des Kontinents.

Schon vor langer Zeit erkannten die dort lebenden Völker, daß solche Gebiete vorzüglich zur Viehhaltung geeignet sind – die ostafrikanischen Hirten ließen ihre Herden vermutlich seit Jahrtausenden hier weiden. In

jüngster Zeit ging das Schicksal jedoch hart mit ihnen um, und die ständigen, unerbittlichen Dürren setzten ihnen schwer zu.

Anfangs, als Britannien Kenia zu Ende des 19. Jh. kolonialisierte, schien das Land für den Ackerbau ideal, und in der Tat gibt es im Hochland Gegenden mit besten Böden. Die Savannen dagegen sind nicht halb so fruchtbar wie sie scheinen. Der Boden ist besonders arm an Stickstoff und Phosphat und das Klima außerdem launisch; die Niederschlagsmengen variieren nicht nur sehr stark von Jahr zu Jahr, der Regen kommt oft zu spät und hat verheerende Auswirkungen.

Dort wachsende Grasarten sind indes diesen Bedingungen hervorragend angepaßt, auch nach langer Trockenheit wachsen sie beim ersten Regenfall wieder grün und frisch nach. Die Bäume finden sich gleichfalls mit diesem Klima ab, obwohl sie auf mageren Böden und bei wenig Regen leicht ausdünnen. Erst in letzter Zeit, da die Wissenschaftler die biologischen Zusammenhänge besser begriffen haben, erkennt man, daß die traditionelle Beweidung der Savannen die lohnendste und sicherste Art ist, sie zu nutzen.

Der Massai, wie auch die Fulani in Westafrika und die Dinka in den Schwemmlandgebieten des Nil, ist der Innbegriff des Wanderhirten, seine Rinder sind sein Leben und sein Statussymbol. Schon seit eh und je bedeutet Vieh für ihn den einzigen greifbaren Wert.

Oft werden afrikanische Wanderhirten als „Viehanbeter" beschrieben. Das ist nicht richtig, aber es ist schwer, in westlichen Kulturen Parallelen zu finden, die dieses Verhältnis erklären. Geld hat für den Massai nicht den gleichen Wert, die Rinder allein sind Zeichen seines Wohlstandes und darüber hinaus der Maßstab, mit dem andere sein Ansehen messen. In rein praktischer Hinsicht versorgen seine Rinder ihn mit Milchprodukten und Blut – und zu besonderen Gelegenheiten auch mit Fleisch. Für die Häute hat er vielerlei Verwendungsmöglichkeiten, von Bekleidungsstücken bis zu Schildbespannungen, und auch die Hörner nutzt er vielfach, z. B. als Behälter zum Aufbewahren von Arzneipflanzen.

Die Massai folgten dem althergebrachten Wanderplan. Nach den Regenfällen trieben sie die Herden von ihren besten Weiden in trockenere Gebiete, dort nutzten sie das erste frische Grün und schonten während dieser Zeit die Hauptweideplätze. Wenn die Trockenzeit

einsetzte, zogen sie langsam wieder zurück zu den fetteren Weiden, weil diese erfahrungsgemäß die langen Trockenmonate hindurch bis zum nächsten Regenfall genügend Nahrung für die Rinder boten.

Europäer aber wußten es besser. Für sie galt nur ein seßhaftes Leben und die Bodenkultivierung, nicht jedoch ein Wanderhirtenleben. Deshalb gab man alles Land, das für den Ackerbau tauglich schien, den Farmern – meistens weißen Siedlern. Da die Massai aber ein seßhaftes Leben für unter ihrer Würde halten, und da ihre besten Weidegründe oft zum idealen Farmland erklärt wurden, fanden sie sich nach der nun folgenden Landverteilung ihrer besten Weideplätze beraubt, auf die sie angewiesen waren. Die Folge war eine Tragödie.

Auf den mageren Weiden, die ihnen verblieben sind, versuchen sie so zu leben wie zuvor, allerdings ohne Erfolg. Nur einige Glückliche, die noch beides besitzen, regenreiche und jahreszeitlich trockene Gebiete, können ihr althergebrachtes Leben weiterführen, das eines kriegerischen Wanderhirten, der stolz neben seinen Herden über die Ebenen zieht. Aber sogar ihre Zukunft ist ungewiß durch ein offensichtliches Paradoxon. Rinderkrankheiten, die die Herden früher drastisch reduzierten, sind heute unter Kontrolle gebracht. Kurzfristig glauben die Massai an eine Besserung ihrer Lage. Da ihre Gebiete aber räumlich beschränkt sind und sie nur in die Halbwüste ausweichen können, zerstören die zu vielen Tiere ihre Weiden. Einige Massai heiraten Frauen von seßhaften Stämmen wie die Kikuyu und können so mit Getreide zuschießen. Für die meisten bleibt nur eine Alternative: sie müssen ihr altes Leben aufgeben und wandern in die Städte ab. Verarmt, hilflos, apathisch versuchen sie, sich dort als ungelernte Arbeiter ihr Brot zu verdienen.

Ironie des Schicksals – zu spät erkannte man, wie weise die Landnutzung der Massai war. Manche Ländereien, die früher den Massai gehörten und nun von weißen Siedlern bewirtschaftet wurden, eigneten sich auf Dauer doch nicht für die Landwirtschaft. Man glaubte dann, mit kommerzieller Viehwirtschaft besser über die Runden kommen zu können. Aber siehe da, wo früher die Rinder der Massai fett wurden und sich vermehrten, fristeten die der Weißen nur ein kümmerliches Dasein, selbst auf den besten Massai-Weiden. Angesichts der teuren Zukäufe von Futtermitteln und des sichtlichen Versagens ihrer Methoden, bemühten die Farmer nun

Wissenschaftler. Deren Antwort war eindeutig: Wenn sie Erfolg haben wollten, sollten die Farmer den Massai ein Kaufangebot für die trockeneren Weidegebiete mit jahreszeitlichen Regenfällen machen – den einzigen, die diesem Volk noch geblieben waren – und nach dem Erwerb dieser Gebiete genau das Gleiche tun, was die Massai vorher getan hatten, nämlich das Vieh auf dem traditionellen Weideweg umtreiben. Dies mag zwar eine Lösung für die Probleme der kommerziellen Viehfarmen sein, führt aber die Massai und viele andere Hirtenstämme Afrikas nicht aus ihrem Dilemma heraus. Zugunsten von seßhaften Ackerbauern hat man sie nicht nur vertrieben, man drängt sie auch noch in immer unfruchtbarere Randgebiete ab, weil die Anforderungen der schnell wachsenden Bevölkerung ständig größere Teile des Landes unter den Pflug bringen.

Dieser Circulus virtiosus bringt uns zurück zu der Frage nach der Sahel-Katastrophe. Heute haben die Hirtenvölker keine große Wahl mehr, sie müssen entweder mit den kargen Verhältnissen vorliebnehmen und so weiterleben oder ihr Leben drastisch verändern. Beides ist für sie ein Unglück, und so sehen sie recht fatalistisch in die Zukunft. Trotz dieser Misere behalten sie ihre alten Sitten, Gebräuche und Ansichten bei, nach denen die Zahl der Rinder eines Mannes wichtiger ist als deren Kondition. Und weiter geht der Ausverkauf der Natur – Überbeanspruchung der Weideflächen, stetiges Abschlagen von Bäumen und Büschen zu Brennholz. Hinzu kam vor einigen Jahren noch das Ausbleiben des Regens.

In gewisser Weise sind die Wanderhirten in einer kulturellen Sackgasse. Obwohl ihre Identität eng mit ihrer Lebensweise zusammenhängt, muß jetzt ein fundamentaler kultureller Wechsel in Betracht gezogen werden. Die Umwelt hat dies deutlich gezeigt, wie ein Forscher es in bezug auf die Dürrezonen ausdrückte: „Es gibt nicht länger die Alternative zwischen Wanderhirtentum und Landwirtschaft, sondern nur noch zwischen Wanderhirtentum und – nichts."

Die sterbende Sahelzone ist ein Beweis der Vorhersagen, die der Club of Rome in einem Projekt über die Lage der Menschheit abgab. Aufgrund mathematischer Modelle hat er aufgezeigt, „das grundlegende Verhaltensmuster im Weltsystem ist ein Exponentialwachstum von Bevölkerung und Kapital, dem ein Zusammenbruch folgt." Im Falle der Sahelzone sind die Rinder das

Kapital, sie haben sich durch tierärztliche Errungenschaften stark vermehrt. Die Menschen nahmen zahlenmäßig ebenfalls zu, teils weil sie mehr Kinder in die Welt setzten, teils auch durch Impfungen und eine gewisse Gesundheitsfürsorge.

Von Natur aus ist die Sahelzone ein Gebiet mit begrenzter Ergiebigkeit und ein gutes Beispiel für die Zwangslage des Menschen in einer Umwelt, die durch seine Überlebensbedürfnisse bis an den äußersten Rand des Nochzumutbaren gebracht wurde.

Die Dürren bewiesen das Prinzip, daß einer Überforderung stets der Zusammenbruch folgen muß. Weil die Umwelt fraglos nicht in der Lage ist, alle Menschen zu ernähren, setzen Hungersnöte mit ihren Begleiterscheinungen ein. Die Menschen sterben weniger an der Unterernährung selbst als durch Krankheiten, die bei der körperlichen Schwächung ein leichtes Spiel haben. Das gleiche geschieht mit dem Vieh.

Es gibt genügend Gründe für die Annahme, daß die gleiche Tragödie sich in Zukunft stets aufs neue wiederholen wird. Schon in kurzer Zeit wird Afrikas Bevölkerung sich verdoppelt haben (man rechnet heute mit einem Zeitraum von etwa 30 Jahren), Land und Wasser stehen nur begrenzt zur Verfügung, und immer größere Teile des Kontinents erreichen ein kritisches Stadium.

Der Bevölkerungsdruck hat auch das einzigartige afrikanische Phänomen beeinträchtigt: die reiche Tierwelt in den Savannen. In keiner anderen Region dieser Welt hat es je diese ungeheuren Mengen an Tieren gegeben, wie man sie hier sieht, noch gibt es irgendwo anders eine solche Vielzahl an verschiedenen Säugetieren. Die Erklärung liegt bei den Gräsern. Sie bedecken weite Teile der afrikanischen Tropenzonen in einer Unzahl verschiedener Arten mit unterschiedlicher Wuchshöhe und mit unterschiedlichen Zusammensetzungen je nach der Stelle, wo sie wachsen.

Feuer war für die Savannen seit je eine mehr kreative Macht. Gegen Ende der Trockenzeit ist das Land versengt, die Vegetation vertrocknet und leicht entflammbar. Blitze, die Regenfälle ankündigen, waren – bevor der Mensch kam – die Hauptursache der Brände, die jährlich etwa ein Viertel des Graslandes auffraßen. Manchmal fegen die Flammen vor den aufkommenden Winden schnell und oberflächlich über das Land, und bleicher Rauch steigt zum Himmel. Ein anderes Mal frißt sich der Brand nur langsam vorwärts, seine Intensi-

tät schädigt aber die Vegetation weitaus stärker. Und wenn die Flammen verlöscht sind, bleibt eine verkohlte und scheinbar leblose Landschaft zurück. Sowie jedoch der erste Regen fällt, sprießen wie ein Wunder und über Nacht die ersten jungen süßen Grasspitzen aus den noch lebenden Wurzeln.

Die Bäume erholen sich nicht so schnell, obwohl es einige Arten gibt, die bis zu einem gewissen Grade feuerresistent geworden sind. Besonders bei den langsamen Bränden werden Stamm und Rinde angesengt, und unter der heißen Erde haben auch die Wurzeln Schaden gelitten. Junge Bäume überleben ein Feuer oft nicht, und deshalb sind Grasflächen stets im Vorteil.

Seit mindestens 6 000 Jahren hat auch der Mensch in Afrika Einfluß auf die Grasgebiete genommen. Man wußte, daß junges frisches Grün aus der Asche natürlicher Brände sprießt und begann, diese Bedingungen selbst herbeizuführen. Kurz vor dem Regen setzte man das trockene Gras in Brand. Unkontrolliert raste das Feuer über das Land; weil der Regen aber vielleicht erst Wochen später fiel, waren die Folgen oft böse. Riesige Streifen der Savanne waren schwarz, panikartig hatten die Tiere das Gebiet verlassen und standen nervös an den Rändern. Später, als die Menschen Ackerbau betrieben, brannten sie Büsche und Bäume ab, um ihre Felder anzulegen. Und noch dazu fällten sie Bäume für den Bau ihrer Hütten und um Holz für ihre Feuerstellen zu gewinnen. Überall wurden Bäume abgehackt und abgebrannt. Das Gras dominierte.

Auch die afrikanischen Pflanzenfresser spielten eine Rolle bei der Ausweitung des Graslandes auf Kosten der Bäume. Manche Tierarten nehmen nur ganz bestimmte Gräser und verschmähen andere, Spezialisten wie Giraffen, Eland, Kudu und Gerenuk äsen Laub und beißen gern die Endtriebe junger Baumschößlinge ab. Damit fördern sie ein buschiges Wachstum und lassen die Bäume vielfach nicht hoch werden. Rinder halten das Gras kurz und düngen gleichzeitig.

Kürzlich hat man eine faszinierende Wechselwirkung zwischen Impala und einer Akazienart (Acacia tortilis) entdeckt. Sie zeigt, wie innig alles Leben auf Erden miteinander verflochten ist. Das Impala äst besonders gern von den Samenschoten dieses speziellen Baumes. Das war bekannt, aber niemand ahnte zunächst etwas vom Nutzen auf beiden Seiten. Der Samen geht durch den Verdauungskanal des Impalas, und die Magensäfte wei-

chen die harte Samenschale auf. Auch das war selbstverständlich. Es wurde jedoch bewiesen, daß die Samen der *Acacia tortilis* nicht keimen, wenn sie frisch vom Baum in den Boden gelegt werden. Sie müssen vorher durch den Verdauungstrakt eines Impalas gegangen sein.

Zweifellos gibt es eine ganze Reihe solcher Wechselbeziehungen im Ökosystem der Savannen. Langsam erwächst uns ein besseres Verständnis für die verwickelten Zusammenhänge, wir gewinnen einen Blick für die Gesamtheit eines Ökosystems. Dieses Wissen sollten wir auch für ein besseres Management afrikanischer Wildreservate einsetzen.

Gerade das gute Management ist indes eine in sich widersprüchliche Angelegenheit. Oft verlangt es Maßnahmen, die viele als nicht vereinbar mit dem Naturschutzgedanken empfinden. Wenn Afrikas Wildtiere jedoch überhaupt erhalten bleiben sollen, dann muß der Bestand verwaltet und geregelt werden, sowohl aus ökologischer wie auch aus ökonomischer Sicht. Der Forscher John Hanks sagt dazu: „Ästhetische und kulturelle Faktoren sind wichtig, aber... volkswirtschaftliche und ökologische Betrachtungen bestimmen allein über das Fortbestehen vieler Schutzgebiete. Ernährung und Wirtschaft sind vorrangig; wenn also die Tierwelt nennenswerte Mengen an Protein liefert und für Devisen sorgt, ist die Erhaltung der Tierwelt wirtschaftlich gerechtfertigt und wird – sofern der Nutzen von Dauer ist – breite Unterstützung finden."

Der kleine Bauer hat bereits darunter zu leiden, daß ihm für die in diesen Regionen allein erfolgreiche Art der Landnutzung – nämlich Feldbestellung im Wechsel mit Brache – zu wenig Fläche zur Verfügung steht. So betrachtet er die Wildreservate natürlich als himmelschreiende Landvergeudung. Seine Existenz als Landwirt sieht er gefährdet durch Gesetze und Regelungen, die nach seiner Meinung vorrangig für Giraffen und nicht für Menschen geschaffen wurden.

Afrika kann sich den „Luxus" von Wildreservaten nicht leisten; sie müssen als notwendig ausgewiesen werden – und als wirtschaftlich ausbaufähig. Nur Aufklärung kann dazu beitragen, daß der kleine Farmer, der lüstern nach den Reservaten schielt, seine Meinung ändert. Er muß lernen, sein Land so zu bestellen, daß es seine Familie ernährt; außerdem muß ihm ein besseres Verständnis für die Bewirtschaftung nationaler Reichtümer beigebracht werden, damit ihm klar wird, daß die Wildreservate auch für ihn von Vorteil sind, weil sie das Geld für Gesundheitsfürsorge, Fortbildung, Hygiene und Verkehrswesen einbringen.

Manche allerdings warten nicht, bis die Regierung die Gewinne aus dem Tourismus und dem Verkauf von Fleisch, Hörnern und Fellen aus dem Hegeabschuß verteilt. Sie bedienen sich selbst und das gründlich. Fast täglich sind Wilderer am Werk und stellen in den Schutzgebieten heimlich Fallen. Am meisten sind sie hinter Elfenbein und Rhinozeroshörnern her. Die Tiere werden getötet, das Elfenbein oder Horn an Ort und Stelle herausgehackt, und das Fleisch wird einfach liegengelassen. Dann treffen sich Aasfresser wie Hyänen, Schakale, Geier und Marabus zu einem Festmahl. Aber oft war das Gemetzel sogar für den Heißhunger dieser Tiere zu groß, und so verwesen die Kadaver, weil nicht einmal die Geier die stinkenden Reste mehr anrühren.

Nashörner wurden in vielen Gebieten gänzlich ausgerottet, da man das Horn in manchen arabischen Staaten als Schmuck, im Fernen Osten für seine angebliche Heilkraft schätzt (zur Behandlung Fieberkranker, nicht als Aphrodisiakum). Elfenbein war schon zur Pharaonenzeit beliebt und ist immer noch gefragt, obwohl das 1989 unterzeichnete internationale Abkommen den Elfenbeinhandel verbietet. Die Elefantenherden West-, Ost- und Zentralafrikas wurden niedergemetzelt, nur im südlichen Afrika wächst erfreulicherweise der Bestand.

Nach einem Wissenschaftsbericht von John Tinker aus dem Jahre 1975 wurden früher jährlich allein in Kenia etwa 10 000 bis 20 000 Elefanten getötet. Später, als man die Reservate einrichtete, um Afrikas rasch dahinschwindende Fauna und Flora zu retten, wendete sich das Schicksal der Elefanten zunächst zum Besseren. Diese Riesengeschöpfe haben außer dem Menschen keine Feinde; jetzt, da sie in den Schutzgebieten vor den Räubereien der Menschen einigermaßen sicher waren, änderte sich die Situation. Die Elefanten sind nämlich gerade in den Gebieten, die für ihren eigenen Schutz zur Verfügung gestellt wurden, in der Meinung vieler Fachleute zu einem Zerstörungsfaktor geworden.

Ein ausgewachsener Elefantenbulle hat nicht nur einen gewaltigen Appetit, sondern geht auch recht sorglos mit seinem Lebensraum um und schädigt ihn sogar. Oft stößt er einen ganzen Baum um, nur um ein paar Schoten aus der Krone zu naschen, oder er reißt lange Rindenstücke vom Stamm; auch große Bäume werden durch diese Verwundung anfällig für Insekten und Krankheiten oder können sogar eingehen.

Wenn man eine Elefantenherde beobachtet, die 18 Stunden eines Tages oder mehr mit Fressen verbringt, versteht man die Befürworter eines begrenzten Abschusses. Zweifellos wächst die Elefantenpopulation in den begrenzten Reservaten zu einer kaum noch tragbaren Dichte an; die verschwenderischen Freßgewohnheiten der Dickhäuter verändern den eigenen Lebensraum völlig, sie bringen damit nicht nur sich selbst in Gefahr, sondern auch die vielen anderen Tiere, die im gleichen Gebiet leben.

Während die heißen Diskussionen immer noch hin und her gehen, ob man einen Wahlabschuß durchführen soll oder nicht, ist man in manchen Reservaten schon dazu übergegangen, nicht nur eine bestimmte Zahl von Elefanten abzuschießen, sondern auch die sich rapide vermehrenden Antilopen zu dezimieren. Das Fleisch wird getrocknet und gesalzen oder tiefgefroren und in Städten und Dörfern verkauft, wo die Menschen an Proteinmangel leiden. Wildbret ist eine besonders marktgängige Ware. Der gezielte Abschuß hilft infolgedessen nicht nur den Reservaten, sondern kommt auch den Menschen zugute. Die Notwendigkeit zum Abschuß ergibt sich aus der Tatsache, daß Schutzgebiete für die Tiere selten so groß sind, daß sich hier ein natürliches Gleichgewicht im Ökosystem halten kann.

Am Großen Graben erkennt man beispielhaft die um alkalische Seen noch immer wirksamen Ökosysteme, von denen ein jedes über ureigene Merkmale verfügt. Einige Gewässer sind infolge alkalischer Ausschüttungen der Vulkane sodahaltig und bitter, andere dagegen klar und tief. Nur der Baikalsee in Südsibirien ist tiefer als der Tanganjikasee, ein klares, fischreiches Binnenmeer. Der Natronsee gehört dagegen zu den grellfarbenen Algenseen, deren Wasser so reich an doppelkohlesaurem Natron ist, daß sodageränderte Gebilde pockennarbig an die Oberfläche treten.

Die Sodaseen sind die Lieblingsplätze der Flamingos, über drei Millionen durchziehen das Rift und suchen ihre Nahrung in den algenreichen Gewässern. Auch Pelikane nisten auf den Sodaflächen, hier sind sie vor allem sicher, außer vor einigen ganz besonders entschlossenen Landräubern. Die Sodaseen will niemand haben, darum konnten sie ihre fremdartige unverfälschte Schönheit

behalten. Die klaren Süßwasserseen dagegen sind von wirtschaftlichem Nutzen und ziehen die Menschen an. Sie gehen dort auf Fischfang, benutzen die Ufer als Wanderwege und die Seen selbst in immer stärkerem Umfang als Abfallgruben. Alle Seen sind typisch für den östlichen, besonders zerklüfteten Teil des Großen Grabens, der sich nördlich vom Victoria-See in zwei Arme teilt.

Ruanda gehört zu den am dichtesten besiedelten Gebieten Afrikas, 96 Prozent der Bevölkerung leben auf dem Land. Ebenso volkreich ist das weiter im Süden gelegene Burundi. Die Bevölkerungszahl erreichte hier, gemessen an der Ertragfähigkeit des Bodens, bereits die obere, überhaupt zumutbare Grenze. Bei den blutigen Auseinandersetzungen zwischen der Oberschicht, nämlich dem aristokratischen Hirtenvolk der Tutsi, und den ihnen zahlenmäßig bei weitem überlegenen Bauern, den Hutu, ging es immer wieder um Landbesitz.

Die einzelnen Stämme kämpfen zwar um Land, aber das Grundproblem wird damit nicht gelöst. Es geht nicht mehr darum, was wem gehört, sondern um die Frage, wie die Gesamteinwohnerzahl in den Grenzen gehalten wird, die die Umwelt setzt. Auf sie sind letzten Endes alle angewiesen. Schon ist die Unterernährung beinahe nicht mehr Ausnahme, sondern Norm, und in ihrer Not wandern Hunderttausende in Nachbargebiete ab, z. B. nach Tansania und Zaire, um dort Arbeit zu finden.

Trotz seines reichen Mineralvorkommens stagniert Zaires Wirtschaft und zeigt sogar eine rückläufige Entwicklung, so daß das Land diese Einwanderer weder beschäftigen noch ihre abhängigen Angehörigen unterstützen könnte. Bis seine erheblichen, aber nicht regenerationsfähigen Ressourcen eines Tages sinnvoll genutzt werden, kann man die Kinder dieser Generation nicht mit Versprechen vertrösten, ihre unmittelbaren Bedürfnisse sind dringender.

Wir stehen kurz vor der Jahrhundertwende, und die Hälfte der afrikanischen Bevölkerung ist weniger als 15 Jahre alt. Diese Jugend muß nicht nur ernährt, sondern auch geschult und erwerbstätig werden, wenn man dem gegenwärtigen Trend entgegenwirken will.

116 Vieles bei den Nuba dreht sich um die körperliche Schönheit. Der schwarz eingefärbte Körper dieses Jünglings glänzt von Öl. Das Haar hat er mit Bienenwachs getränkt, mit ockerfarbenem Puder eingestäubt und mit einem Kamm weißer Federn geschmückt.

117, 118, 119, 120 Für Menschen westlicher Prägung ist es schwer, sich eine Vorstellung von dem verfeinerten künstlerischen Ausdruck bei Völkern zu machen, die arm sind und über wenige technische Möglichkeiten verfügen. Im südlichen Sudan leben die Nuba, die in der Gesichts- und Körperbemalung eine hohe künstlerische Vollendung erreichen. Die Harmonie ihrer Malereien und die ästhetische Einheit der Formen und Linien sind bewundernswert, sie erinnern an Picassos beste Arbeiten.

Die Bemalung hat keine symbolische Bedeutung, die Dekorationen sollen lediglich die Schönheit des Körpers betonen. Frauen schmücken sich nicht mit Farben, sondern einer Art Tätowierung. In mehreren Vorgängen, vom Pubertätsalter bis zur ersten Schwangerschaft, wird ihre Haut mit unzähligen Messerschnitten eingeritzt. Sie hinterlassen saubere Reihen winziger punktförmiger Narben. Einige Reihenmuster sollen den Körper nur schmücken, andere werden stolz als Zeichen der Mutterschaft getragen.

Heiratsfähige Männer bemalen Gesicht und Körper mit Ocker, Rot und Weiß. Erst seit einiger Zeit erhalten sie auch blaue Farben von arabischen Händlern, ebenso kleine Spiegel. Da die Nuba sich jeden Tag waschen und baden, müssen die abstrakten Malereien täglich neu aufgetragen werden. Jeden Tag sind sie anders, und wenn auch nicht alle gleich gut gelingen, zeugen sie doch im allgemeinen von Geschmack und Begabung.

Nach der Ernte geben sich die Nuba der Kunst und der Liebe hin. Die jungen Leute ölen sich mit Sesamöl ein, dann streichen sie Ockerfarben darüber (119). In das kurzgeschnittene Haar werden Muster eingeschoren, danach wird es mit Wachs behandelt und schließlich mit Farbe bepudert (118). Dann kommt der Liebestanz. Während die Jünglinge mit niedergeschlagenen Augen dasitzen (120), tanzen die Mädchen immer dichter an sie heran (119), bis sie schließlich einen auswählen – vielleicht für eine Nacht, vielleicht aber auch fürs Leben.

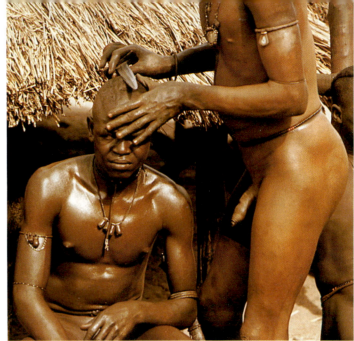

121 Ein nackter Nuba, wie aus Obsidian geschnitten, treibt seinen Reitochsen an dem rosa und grauen Granit seiner Bergheimat vorbei. Sein Gefährte ist bekleidet, denn die Nuba bedecken ihren Körper, wenn er mißgestaltet, krank oder über die Jugendschönheit hinaus ist. Nackt gehen sie nur, solange sie schön, stark und gesund aussehen.

122 Sorghum, eine Hirseart, ergießt sich in einen typischen Nuba-Kornspeicher als Reserve für die bevorstehenden langen Trockenmonate. Die Nuba bauen ihre Lehmhütten traditionell in hügeligem oder felsigem Gelände und setzen besonders die Speicher gern auf den obersten Punkt eines der runden Felsblöcke.

Der Baustil ist nicht nur harmonisch, sondern auch praktisch. Aus Fels und Stein besteht das Fundament, es bleibt also trocken; Zweige werden für das Rahmenwerk verwendet, Schlamm für die Wände und kühles Stroh für das Dach. Kornkammern und Hütten sind schmal und röhrenförmig. Die Eingänge zu den Speichern und den besonderen Schlechtwetter-Schlafhütten liegen fast zwei Meter über dem Erdboden. Es sind runde Öffnungen von kaum größerem Durchmesser als die Hüftweite eines Mannes. Mit der flüssigen Eleganz der Gewohnheit winden und schwingen sich die Nuba durch die hochgelegenen Rundlöcher in das kühle trockene Innere. Dort sind sie sicher vor Schlangen, Skorpionen und anderem unangenehmen Getier.

Heute dienen die Behausungen der Nuba ausschließlich dem Schutz vor der Sonne, die die Temperatur Tag für Tag auf über 40 °C im Schatten ansteigen läßt, und vor den starken Niederschlägen in der Regenzeit. Von außen allerdings ist eine gewisse festungsähnliche Wirkung nicht zu übersehen. Dies war einst wichtig. Die Nuba sagen, daß ihre Bergdörfer ihnen Sicherheit vor den arabischen Sklavenhändlern und später vor den britischen Kolonialherrschern gaben. Die hochgelegenen Wohnstätten bieten aber noch weitere Vorteile: Das Regenwasser läuft schnell ab und umfließt die hochgesetzten Böden der Hütten; die Bergschatten mildern die Sommerhitze; Tsetsefliegen gibt es in trockeneren und höheren Regionen weniger.

123 Heutzutage dringen die Nuba allmählich von den Bergen in die Ebenen vor, in denen ausländische Waren und ein moderner Lebensstil winken, und beginnen somit, ihre Identität nach und nach preiszugeben. Es ist durchaus möglich, daß sie ihre wunderschöne Gesichtsbemalung in wenigen Jahren nur noch Besuchern zuliebe auftragen.

Folgende Seiten:
124 Sandstein und Sonne in Äthiopiens höllisch heißer Danakilsenke. Hier wurden die heißesten Temperaturen der Welt gemessen. In der erbarmungslosen Sonne läßt sich ohne weiteres ein Ei oder ein Hähnchen braten.

121 122
123

126

127

Vorige Seiten:

125 Der englische Historiker Edward Gibbon bemerkte über Äthiopien im 18. Jh.: „Allseitig umgeben von Feinden ihrer Religion, schliefen die Äthiopier fast tausend Jahre lang einen Dornröschenschlaf. Sie vergaßen die Welt, wie sie von der Welt vergessen waren." Die Isolation, eine Folge religiöser Konflikte, erklärt Äthiopiens spezifische Kultur – sie ist afrikanisch und dennoch nicht afrikanisch. Diese Felsenkirche in Lalibala macht die tiefverwurzelte Introvertiertheit deutlich, die die Geschichte dieses Landes durchzieht, und die Rolle der christlichen Kirche, die die Menschen hier zusammenhielt und ihnen ihre Identität gab.

126, 127 Mehr als 4 000 Kirchen wurden in Äthiopien in Fels gehauen. Oft führen schwierige Pfade zu diesen einmaligen Verstecken, aber der Anblick der halbdunklen Innenräume und die herrlichen alten Fresken lohnen die Mühsal des Aufstiegs. Oft ist der Ursprung der vielen Kunstwerke nicht mehr festzustellen. Er geht in der Vermischung verschiedener Stilarten und Symbole unter, weil die Kirchen über 1 500 Jahre immer wieder fremde Künstler und Handwerker beschäftigten. Es ist bekannt, daß im 17. Jh. indische Handwerker hierher bestellt wurden. Man kann den Einfluß ihrer Kultur auf manchen Wandbildern erkennen (126). Auch byzantinische und venezianische Künstler aus dem 15. Jh. hinterließen ihre Handschrift.

128 In der Abgeschiedenheit der Insel im Haik-See liegt ein koptisches Kloster. Sein Bischof liest die Bibel im originalen amharischen Text.

146

129 Heute arbeitet er bei der Eisenbahn, aber in seinem heißen Blick glüht die geistige, stolze Unabhängigkeit der alten Krieger. Dieser Kampfgeist erfüllt sein Volk immer noch und schürt die Konflikte, die zur brisanten, manchmal anarchischen Situation am Horn von Afrika beitragen.

130 Ein Lager der Afar. Die trockene unfruchtbare Erde und Zäune aus Akaziengestrüpp beweisen, daß der Mensch mit seinen Herden die ohnehin karge Landschaft überbeansprucht. Die Danakilwüste ist eine der unbarmherzigsten Gegenden der Welt, knochentrocken über neun Monate im Jahr, heiß und öde. Sie erstreckt sich vom äthiopischen Steilabbruch bis zum Roten Meer.

Daß die Afar hier leben können, ist ein Zeichen für menschliche Anpassungsfähigkeit. Daß aber ihre Bevölkerungszahl auf 250 000 gestiegen ist, beweist auch menschliche Torheit. Die Afar sind mit ihren Kamelen, Rindern und Ziegen zwar ständig auf Wander-

130

schaft und schlagen sich kümmerlich durch, aber sie überfordern dennoch das Land. Ihre wachsende Kopfzahl zwingt sie, immer schneller zu den bereits vorher besuchten Weideplätzen zurückzukehren, die sich aber in der Zwischenzeit noch nicht erholen konnten. Zuerst verlor die Danakil ihre Akazienbäume und anderen Bewuchs, jetzt droht die Erosion. So zerstören die Menschen das Land, von dessen Gaben ihr Überleben abhängt.

131 Schwarzäugig und zierlich wie eine ägyptische Prinzessin auf einem Fries in Theben sieht dieses äthiopische Mädchen aus. Die Vorfahren waren teils Semiten, teils Hamiten. Die semitischen Ahnen kamen einst über das Rote Meer von Arabien, von dort reichte der Einfluß Sabas, deren Königin von legendärer Schönheit war, bis nach Afrika.

Folgende Seiten:
132 Am Rande des Abbé-Sees in Djibouti zeigen eigenartige Kegelspitzen aus doppelkohlensaurem Salz Quellen an.

Vorige Seiten:

133 Mit Rinderdung nähren die Dinka ihre Feuer; dichte Rauchwolken ziehen über sie selbst sowie ihre Rinder und schützen vor den pausenlosen Angriffen der Moskitos. Hier in ihrer Heimat dicht an der Quelle des Nils pudern sich die Dinka auch mit Asche als zusätzlichem Schutz ein.

Die Dinka sind der Inbegriff der traditionellen Hirten der afrikanischen Savanne, für sie bedeuten Rinderherden gleichzeitig Rang und Wohlstand. Basil Davidson sagte einmal: „Die Dinka sind besessen von ihren Rindern so wie der moderne Mensch von Geld. Beide aus gleichem Grund. Das eine wie das andere verleiht Ansehen und garantiert den Lebensunterhalt." Das Vieh selbst hat nicht allzuviel Wert als Fleischreserve, denn die Tiere sind klein und zäh. Das einzig Auffällige an ihnen sind ihre fast heroisch aussehenden Hörner. Ihre gebogene Form wird durch Messerschnitte beeinflußt, sie wachsen stets gegen den Einschnitt weiter. Die Dinka halten die Rinder aber nicht vorzugsweise als Schlachtvieh, sondern einfach als Wohlstandsreserve. Deshalb haben sie auch eine besonders gezüchtete Rasse, die langlebig und gegen Krankheiten resistent ist.

Die Bindung des Dinka an seine Rinder ist indes keine fixe Idee. Wenn man dies im Zusammenhang mit den reichen Weideflächen der Savanne sieht, erkennt man auch den Vorteil. Weiter entfernt von den fruchtbaren Flußniederungen, in höher gelegenen Gebieten, sind die Dinka seßhaft und betreiben Akkerbau. Aber die Böden sind so arm, daß die Arbeit kaum lohnt. Ein Mann kann froh sein, wenn sein Breitopf das ganze Jahr gefüllt bleibt. Die Savannenerde gibt wenig mehr als Minimalernten, das Grasland aber garantiert gut gedeihende Rinder.

134 Für dieses Dinka-Kind, das seine Milch in Vaters Rinderlager aus einem Flaschenkürbis trinkt, mag das Hirtenleben bald zu Ende gehen. Seit eh und je zogen die Dinka mit ihren Herden von den Schwemmlandgebieten des Nil zu trockeneren Landstrichen und zurück. Jetzt entwässert der neuangelegte Jonglei-Kanal die Sümpfe und zerstört im weiteren Verlauf den natürlichen Zyklus, mit dem das Wohlergehen der Dinka so eng verbunden ist.

135 Auf einer Jagd im Papyrus der Nilsümpfe staken Dinka ihr Kanu durch seichte Stellen. Hier lebten einst versteckt die scheuen Moorantilopen.

134

136 Flamingos flattern auf, und glitzernde Lichtpunkte zeigen ihren Weg auf dem Nakuru-See. Er ist Treffpunkt für etwa drei Millionen rosa Flamingos, und man nennt ihn die größte Vogelschau der Welt.

Der Nakuru-See in Kenia ist einer von mehreren warmen alkalischen Seen, die entlang Afrikas Rift Valley liegen. Ihr Sodagehalt ist unterschiedlich hoch und reicht von der tödlichen Beschaffenheit des Magadi-Sees, wo kaum Leben existieren kann, bis zum Nakuru-See, dessen bittere, alkalische Gewässer bestimmten Organismen gute Lebensbedingungen bieten. Diese Soda-Seen in meist ungastlicher Umgebung enthalten unerschöpfliche Nahrungsmengen in Form von Algen, kleinen Mollusken und verschiedenen winzigen Krebschen. Irgendwann in seiner Urgeschichte machte sich der Flamingo dieses überreiche Nahrungsangebot zunutze, er besetzte eine ökologische Nische. Das Leben hier machte jedoch so viel Anpassung nötig, daß der Vogel jetzt durch eben diese Spezialisierung unerbittlich an solche Nahrungsquellen allein gebunden ist.

Ein Ergebnis der Anpassung ist der Schnabel der Flamingos. Er muß die winzigen Organismen, von denen der Vogel lebt, aus der tödlichen Brühe seihen, in der sie vorkommen. Natürlich bedeutet eine solche Spezialisierung auch Gefahr, denn ein so hochentwickelter Schnabel kann mit anderer Nahrung nicht fertig werden. Voraussetzung für das Überleben der Flamingos ist daher, daß es genügend Soda-Seen mit intaktem Gleichgewicht gibt. Aber es droht Gefahr. In der Nähe des Sees wächst die Stadt Nakuru mit mehr als 60 000 Einwohnern weiter an. Ihre Abwässer fließen in den See und verunreinigen ihn immer mehr. Die Flamingos sind in der Falle, denn sie sind an einen Biotop gebunden, den der Mensch zu zerstören beginnt.

137–141 Als der Naturforscher John Hillaby die El Molo am unfruchtbaren Südrand des Rudolfsees – jetzt Turkanasees – besuchte, hatte er, wie er sagte, „einen Eindruck wie in der Jungsteinzeit". Kaum 300 El Molo waren noch übriggeblieben, verarmt und gezeichnet von Krankheiten. Sie hielten an ihrer Lebensform fest, der einzigen, die sie kannten, nämlich am See, der ihr Leben ist.

Draußen auf dem blaugrünen alkalischen See sind die El Molo wieder sie selbst. Geschickt lenken sie ihr einfaches Floß aus Palmstämmen; sie jagen den großen Nilbarsch, der hier 90 kg schwer werden kann, und das Krokodil.

Die Krokodile – wie die Menschen – sind hier klein und oft hungrig. Die etwa 12 000 Exemplare machen sich gegenseitig – und auch den Menschen – die Fische im See streitig. Aus irgendwelchen unbekannten Gründen scheinen sie hauptsächlich von Brassen zu leben, die – verglichen mit den Barschen – nur ein kleiner Bissen sind. Vielleicht ist diese knappe Nahrung, verbunden mit der harten Konkurrenz, der Grund für ihr kümmerliches Wachstum.

Kommerzielle Jäger verschmähen diese Krokodile, weil ihre Häute voller dicker Schwielen sind, möglicherweise eine Folge ihrer alkalischen Umwelt. Für die El Molo aber ist ihr stinkiges Fleisch eine Delikatesse.

Auf seinem Floß balancierend, wirft der El Molo seinen Speer wie eine Harpune in das Krokodil, das unter der Wasseroberfläche lauert (137), und nach kurzem Kampf wird das 1,70 Meter lange Reptil an Bord gezogen (138). Dann wird es nach Hause gebracht (139). Die Kinder sehen interessiert zu, wie es abgezogen und ausgenommen wird (140). Über dem offenen Feuer geröstet, wird es eine gute Abendmahlzeit abgeben. Was heute nicht gegessen werden kann, wird für morgen getrocknet. Hinter dem Feuer zaubert die untergehende Sonne sanfte Farbtöne über See und Himmel, und bald hüllt Dunkelheit die El Molo ein.

137   138

142 Die Vorgeschichte Afrikas entdecken, heißt auch, die Vorgeschichte der Menschheit entdecken. Das Große Rift Valley hat sich als einzigartiger Wächter der Vergangenheit erwiesen. In der Olduvaischlucht und einem Dutzend anderer Stellen in diesem Nord-Süd-Schnitt durch Afrikas Gesicht, dem Großen Graben, haben Archäologen versucht, die Geschichte der Menschheit ans Tageslicht zu bringen. In ihrem Wissen gibt es noch viele Lücken, ihre sorgfältige Arbeit geht nur langsam voran, denn in den 100 Meter dicken Ablagerungen, die in der Olduvaischlucht durch Erosion zutage kamen, liegt das Zeugnis über zwei Millionen Jahre menschlicher Vorgeschichte.

Die Schlüsselfigur in der langen Reihe von Hominiden, die wir als unsere Vorgänger betrachten, ist eine kleine, etwas affenähnliche Kreatur, *Ramapithecus*. Die Ereignisse, die ihn gerade hier in Afrika leben ließen, sind ebenso zufällig wie faszinierend. Vor etwa zwölf Millionen Jahren herrschte auf der Erde ein wärmeres und feuchteres Klima. *Ramapithecus* war in gewisser Weise „ein Mann von Welt", denn er lebte verstreut in seinem Tropenwald-Habitat nicht nur in Afrika, sondern auch weit nördlich bis Deutschland und in den Grüngebieten Asiens bis nach China. Dann aber änderte sich das Klima, es wurde kühler und trockener, bis es nur noch in Afrika tropische Wälder gab, in denen *Ramapithecus* leben konnte.

Er war aber nicht der einzige Primat in den Wäldern, und als diese immer mehr schrumpften, muß es unter den affenähnlichen Lebewesen zu immer härteren Konkurrenzkämpfen gekommen sein. Vielleicht – noch sind dies Vermutungen – war dies der Hauptgrund für *Ramapithecus,* seine Lebensweise als Baumbewohner entscheidend zu ändern und seinen Fuß auf die afrikanische Savanne zu setzen. Er fand eine Alternative: Seine tropische Baumheimat wurde immer kleiner, sein Baldachin aus Blättern immer dünner, aber nun boten sich ihm das hohe Gras und die verstreuten Bäume der afrikanischen Savanne als Wohnstatt an.

Natürlich verließ er nicht einfach seine Baumheimat und marschierte ab in die Grasebene; erfolgreiche Anpassungen an eine neue Umgebung sind stets das Ergebnis langdauernder Versuche. Aber in gewisser Weise trat *Ramapithecus* bei seinen Raubzügen auf der festen Erde über die Schwelle zu einer neuen Welt und schlug schließlich die Tür zu seiner Vergangenheit zu. Niemals wieder konnte er zur ehemaligen Sicherheit der Baumkronen zurückkehren, er ging unwiderruflich einen neuen Weg, der vom Affen-Menschen zum Menschen-Affen und schließlich zum Menschsein führte.

Folgende Seiten:
143 Charakteristisches Afrika: Akazien, Gnus und eine heiße, staubverschleierte Sonne.

144 Schnell und geschickt fertigt diese Rendille-Frau im Nord-
osten des Rudolfsees, der heute Turkanasee heißt, Halfter für die
Rinder.

145 Die Kaurimuscheln auf einem Lederstreifen um den Körper
der Rendille-Frau bedeuten ihr wertvollen Schmuck.

146 Ein so lebensfeindliches Landschaftsbild sieht man in Ostafrika mehr und mehr. Und immer steht die Ziege im Vordergrund
einer solchen Szenerie.

Wo auch immer die Savanne unter der übermäßigen Beanspru-
chung von Tier und Mensch gelitten hat, bringt man die Ziege her,
die noch die letzten Reste auffrißt. Dieses bemerkenswerte Tier hat
das Talent, selbst von der magersten Kost noch leben zu können

und verhältnismäßig viel Milch zu geben. Außerdem liefert es Le-
der und Wolle. So ist die Ziege oft die letzte Hilfe für Menschen in
Afrika, die durch Bevölkerungsdruck gezwungen sind, in unfrucht-
baren Randgebieten der Savanne zu leben. Wenn erst einmal eine
Ziegenherde das Land kahlfrißt, bleibt auch nicht ein Tüpfelchen
Grün übrig.

Die Lösung dieses Problems wäre ein tragisches Paradoxon; es
wäre grausam, wollte man die Ziegen aus diesen Gebieten verban-
nen, solange die Menschen mit ihrer Hilfe dort ums Überleben
kämpfen.

Folgende Seiten:
147 Nördlich von Nairobi nehmen Jünglinge der Samburu in
Festkleidung an einer Mannbarkeitsfeier teil.

148, 149, 150   Der Büffel wittert Gefahr. Er nimmt eine drohende Haltung ein und zeigt eindrucksvoll seine tödlichen Hörner. Büffel haben in der Blütezeit ihrer Jahre außer dem Menschen keine Feinde. Aber wenn sie alt und schwach geworden sind, nehmen Löwen ihre Chance wahr. Im Mondlicht greift das Rudel an, und nach kurzem wildem Kampf versetzt eine der Löwinnen dem Büffel den Todesstoß.

Um Mittag ist das Rudel satt und überläßt den Rest den Aasfressern. Es ist eine gewisse Harmonie in der Ordnung, wie die Aasfresser ankommen, wie sie den Kadaver anfallen und in weniger als 36 Stunden nichts mehr davon übriglassen. Die Tüpfelhyänen kommen zuerst, reißen und zerren an dem Büffelrest und zerbeißen sogar die Knochen mit ihren mächtigen Kiefern. So häßlich Hyänen sind, so nützlich sind sie auch.

Dann kommen die Geier, verschiedene Arten, jede besonders spezialisiert. Am häufigsten sind die Weißrückengeier (150), die sich hier um das beste Stück Eingeweide und einen Platz am Kadaver zanken. Noch später, wenn die Geier das meiste Fleisch von den Knochen gerissen haben, kommen die Schakale, kleine Vögel und Insekten und machen sich über das her, was noch blieb. Die Mikroben vollenden das Werk, und in wenigen Tagen erinnert nichts mehr an den Riß – bis auf die gewaltigen wulstigen Hörner.

151 Dieser Löwe im Manyara-Nationalpark ir Tansania hat sich ein angenehmes Plätzchen auf einem Baum ausgesucht. Hier genießt er die kühle Brise ohne die quälenden Insekten.

Folgende Seiten:

152 Tiere auf Wanderschaft. Man kann die Streifengnus nicht mehr zählen, sie kehren zur wieder grün gewordenen Serengeti zurück.

Es ist nicht allein die Anzahl der Tiere, die Afrikas Savanne so einzigartig machen; ebenso bemerkenswert ist die Mannigfaltigkeit der Arten, die sie ernähren kann. Das Geheimnis liegt im Reichtum an Gräsern, Kräutern, Büschen und Bäumen, sie bilden zusammen eine beispiellose natürliche Weidefläche. Erde und Sonne, Feuer und Dürre schufen gemeinsam eine Landschaft, die zwar verhältnismäßig arm an Bäumen, aber reich an Gräsern ist.

Alle pflanzenfressenden Tiere haben sich verhaltensmäßig und anatomisch an den Savannenteil angepaßt, den sie bewohnen. Aber überall gibt es auch Überschneidungen. In der Serengeti z. B. teilen sich Gnus, Zebras und Thomsongazellen das grüne Weideland. Trotzdem gibt es keine Nahrungskonkurrenz, weil jede Tierart selektiert: das Zebra nimmt die höheren, zäheren Gräser, die Gnus wählen niedrigere, krautigere und die Thomsongazelle zupft nur die süßen neuen Schosse ab.

Zwischen November und Mai bevölkern Tausende und Abertausende von Tieren die Serengeti, und die Löwen dort sind satt und zufrieden. Nach und nach ist jedoch das Gras abgefressen, und vor dem nächsten Regen wächst nichts nach. Die ersten, die sich neue Weidegründe suchen, sind die Zebras. Sie ziehen in die West-Serengeti mit besserem Boden und stärkerem Niederschlag. Gegen Ende Mai folgen die Gnus, nur die Thomsongazellen bleiben noch zurück, äsen die letzten Gräser und knabbern an den Büschen.

Fünf Monate später ist die Trockenzeit auf ihrem Höhepunkt. Es ist heiß und unsagbar trocken. Die letzten Fetzchen Nahrung in der Nord-Serengeti sind verschwunden. Die Herden sind mager und ungeduldig. Viele der weiblichen Tiere erwarten ihren Nachwuchs und haben Hunger. Und dann, ohne erkennbaren Grund, beginnt die große Rückwanderung. Wittern die Tiere den fernen Regen? Treibt sie ein ererbter Instinkt nach Süden? Man weiß es nicht. Mit aufgeregten lustigen Bocksprüngen begeben sich als letzte die Gnus auf ihre 500 km weite Wanderung.

153 Das Gerenuk hat sich eine besonders biologische Nische ausgesucht: Es steht senkrecht auf den muskulösen Hinterläufen und hält den langen Hals ausgestreckt; mit schmaler Schnauze und beweglichen Lippen kann es winzige Knospen sowie Blättchen zwischen den Dornen der Büsche abreißen und ist so kein zusätzlicher Kostgänger für die ohnehin stark beanspruchten Bodengräser.

154 Vielzahl bedeutet Sicherheit für die Thomsongazelle. Viele Augen sehen einen Räuber früher, und die Chance für ein Einzeltier, nicht gerade das auserwählte Opfer zu sein, ist größer.

155 Früh am Morgen kommt eine Gepardfamilie an die Tränke. Diese geschmeidigen Katzen, bekannt

153   155

für ihre Schnelligkeit, hetzen ihre Beute. Oft aber müssen sie ihren Riß an größere Raubtiere wie z. B. Löwen abgeben oder auch an aggressivere wie Hyänen oder Hyänenhunde.

Folgende Seiten:

156 Die Nachfrage nach Rhinozeroshorn läßt im Fernen und Mittleren Osten auch in heutiger Zeit nicht nach, und in den nördlich des Limpopo gelegenen Gebieten Afrikas rotteten Wilderer das Nashorn fast gänzlich aus. Das sogenannte Horn besteht eigentlich aus verschmolzenen, langen Haarfasern, und wie der Schein hier trügt, ist auch seine Heilkraft (zur Behandlung Fieberkranker, aber nicht, wie allgemein behauptet wird, als Aphrodisiakum) nur ein Hirngespinst.

Vorige Seiten:

157 Aus großer Höhe gesehen, zeigt sich das Rift Valley, der Große Graben, als ein 9 500 km langer Riß durch Afrika, der sich vom Roten Meer bis jenseits des Malawi-Sees zieht. Unvorstellbare unterirdische Kräfte rissen einst die Erdkruste zwischen parallelen Verwerfungen auf, und das Land dazwischen sank ab. Der Große Graben ist meist etwa 50 km breit, erweitert sich im Norden aber auf fast 500 km.

Die Riftbildung ist noch nicht abgeschlossen. Kontinentzerreißende Kräfte kochen immer noch dicht unter der Erdoberfläche. Ätzendes Soda blubbert aus dem unterirdischen·Hexenkessel, heiße Quellen zischen und dampfen, und 30 Vulkane im Rift Valley rumpeln und grollen.

Vor Jahren brach dieser Vulkan in Kenia aus, eine Lavazunge kroch bis zum Boden des Großen Grabens. Heute bedeckt reicheres Grün die neue vulkanische Erde im Gegensatz zu den anderen abweisenden Hängen des jetzt schlafenden Berges.

158 Volle zehn Tage vor dem letzten dramatischen und völlig unerwarteten Ausbruch des Ol Doinyo Lengai, des ,,Götterberges'' der Massai, kochte die Lava in seinem Krater, und Schwefelfontänen schossen empor. Dann, am 9. August 1966, entließ der Berg mit explosionsartigem Ausbruch seine Lavamassen. Schwarze Wolken türmten sich 10 000 Meter hoch, und Asche regnete über weite Teile der Umgebung. Die ausbrechende schwarze Lava war so reich an Soda, daß sie innerhalb von 48 Stunden oxydierte – dann bedeckte eine ätzende weiße tödliche Sodaschicht die Hänge des Ol Doinyo Lengai.

159 Fast 3 500 Meter über Meereshöhe quillt geschmolzenes Gestein aus dem brodelnden Lavasee auf dem Mount Nyiragongo. In der Dunkelheit der Äquatornacht ein unheimliches Feuerwerk! Als dieses Foto 1973 gemacht wurde, kochte und rumpelte der Berg drohend, und die Vulkanologen erwarteten jederzeit einen Ausbruch. Einige Jahre später machte der Berg seine Drohung wahr, er explodierte und bewies damit erneut, daß das Rift Valley immer noch grundlegenden geologischen Änderungen unterworfen ist.

158 159

181

Vorige Seiten:

160 Es gab eine Zeit – so sagen die Massai – da waren Himmel und Erde eins, und Ngai, der Schöpfer, lebte bei den Menschen. Als sie sich trennten, fuhr Ngai auf in den Himmel über den Schneeflächen des Kilimandscharo. Aus diesen mystischen Höhen schenkte er den Massai die Rinder als göttliche Gabe.

161 Von der ersten Zeit der Weiblichkeit, wenn sie beschnitten werden, bis zu ihrer Hochzeit führen die Massai-Mädchen ein genußvolles Wohlleben. Hier haben sie sich versammelt, um mit den heiratsfähigen Männern zu tändeln. Immer seltener trifft man junge Frauen in so üppigem Staat, denn obwohl es heute vielleicht 100 000 Massai gibt, ist ihre jetzige Existenz nur noch ein armseliger Abklatsch ihrer einstigen Stellung als Herren im Großen Rift Valley.

162 Hochgewachsen, schmalhüftig und mit der arroganten Grazie seiner nilotischen Vorfahren röstet dieser Massai *moran* (,,Krieger") nahe der Grenze Kenia/Tansania einen geschlachteten Ochsen. Milch, die in der Trockenzeit mit frischem Blut aus der Hals-

ader der Rinder verlängert wird, ist die Hauptnahrung der Massai. Obwohl sie eigentlich Fleischesser sind, sehen sie ihre Rinder lieber auf den Hufen als im eigenen Magen, und deshalb schlachten sie ihr Vieh nur zu besonderen Gelegenheiten. Vielleicht war es die Sorge um ihr Vieh, die die Massai vor 200 bis 300 Jahren bewog, vom Oberen Nil weiter südlich zu ziehen. Sie trieben ihre Rinder, Schafe und Ziegen vor sich her und suchten eine neue Heimat, in der ihre Herden wachsen und gedeihen konnten. Das Gebiet, das sie schließlich für sich erwählten – und bis aufs Blut verteidigten –, war ein riesiger Streifen der Savanne vom Rift Valley.

161 162

163 Ein Massai *moran* mit sorgfältiger Frisur wirft einen prüfenden Blick über seine Herden, die im Schatten des Mount Meru grasen. Wie die Dinka, die Fulani, die Zulu – wie so viele traditionelle Hirtenvölker der afrikanischen Savanne – haben sich auch die Massai ganz auf ihr Land eingestellt. Sie kennen die jahreszeitlichen Veränderungen, die Böden, die Grasarten genau und wissen, wie man sie nutzt.

Erst kürzlich hat man angefangen, die Klugheit ihrer Landnutzung einzusehen. Aber wie so oft in Afrika kam die Einsicht erst, nachdem viel Schaden angerichtet war. Das ökologische Verständnis der Massai zeigte sich in ihrem überlieferten Weidezyklus. Zur Regenzeit zogen sie mit ihren Herden zu den trockeneren Gebieten, um dort das erste frische Grün auszunutzen. Wenn die Trockenzeit sich bemerkbar machte, zogen sie mit ihrem Vieh langsam den fruchtbareren Gebieten entgegen, wo der Grasbewuchs ausreichend Weidemöglichkeit bis zum nächsten Zyklus bot.

Für viele Entwicklungshelfer und Verwalter, die nach Afrika gekommen waren, muß dieser scheinbar nutzlose und verschwenderische Weideumgang ein Dorn im Auge gewesen sein, weil er keinen Profit abwarf. Sie glaubten ernsthaft, daß ein seßhaftes Leben als Ackerbauer besser sei als ein nomadisches Hirtendasein. Deshalb wiesen sie große Teile des Landes, das von den Massai für den Weidegang in der Trockenzeit genutzt wurde, den Farmern zu, und später vertrieb man die Massai auch noch aus großen Flächen wie z. B. der Serengeti.

So hatte man den Massai die Hälfte des Landes genommen und ihnen damit auch die Basis ihres jährlichen Umtriebes entzogen. Sie mußten nun wählen, ob sie im alten Stil auf dem verbleibenden Rest des Landes weiterleben, oder ob sie ihr Nomadentum aufgeben und sich als Farmer auf eigenem Land oder als Arbeiter niederlassen wollten.

Diejenigen, die beides, trockenes und niederschlagreicheres Land, behalten hatten, behielten auch ihre alte Lebensweise bei. Die meisten aber hatten dieses Glück nicht; anfänglich versuchten auch sie es, aber da ihr Vieh jahrein jahraus die gleichen Ländereien beweidete, war das Gras bald bis auf die Wurzeln abgefressen. Zurück blieb eine kahle, sterile Landschaft. Ihres Reichtums an Rindern beraubt, schwer getroffen, niedergeschlagen und abgestumpft, wanderten viele Massai in die Städte ab.

Zweifellos ist bald das Ende des traditionellen Lebensstils der Massai abzusehen. Es wäre töricht, wollte man ein Leben als Wanderhirten an den Hängen des Mount Meru als Ideal hinstellen, nach dem alle trachten sollten. Dennoch könnte die behutsame und erhaltende Art, in der die Massai-Hirten mit ihrer Umwelt umgehen, in gewisser Weise ein Vorbild für die heutige fortschrittliche Welt sein, die unbesonnen und mit erschreckender Gründlichkeit die natürlichen Reserven der Welt immer schneller ausplündert.

164 Eine Massai-Mutter schmückt ihre Tochter zu den Hochzeitsfeier-
lichkeiten. Beide glänzen von einem Überzug aus Butter gemischt mit roter
Erde – und sie riechen auch danach.

164

165 166

165, 166 *Moran*-Neulinge werden bei einer feierlichen Handlung mit
Milch besprüht.

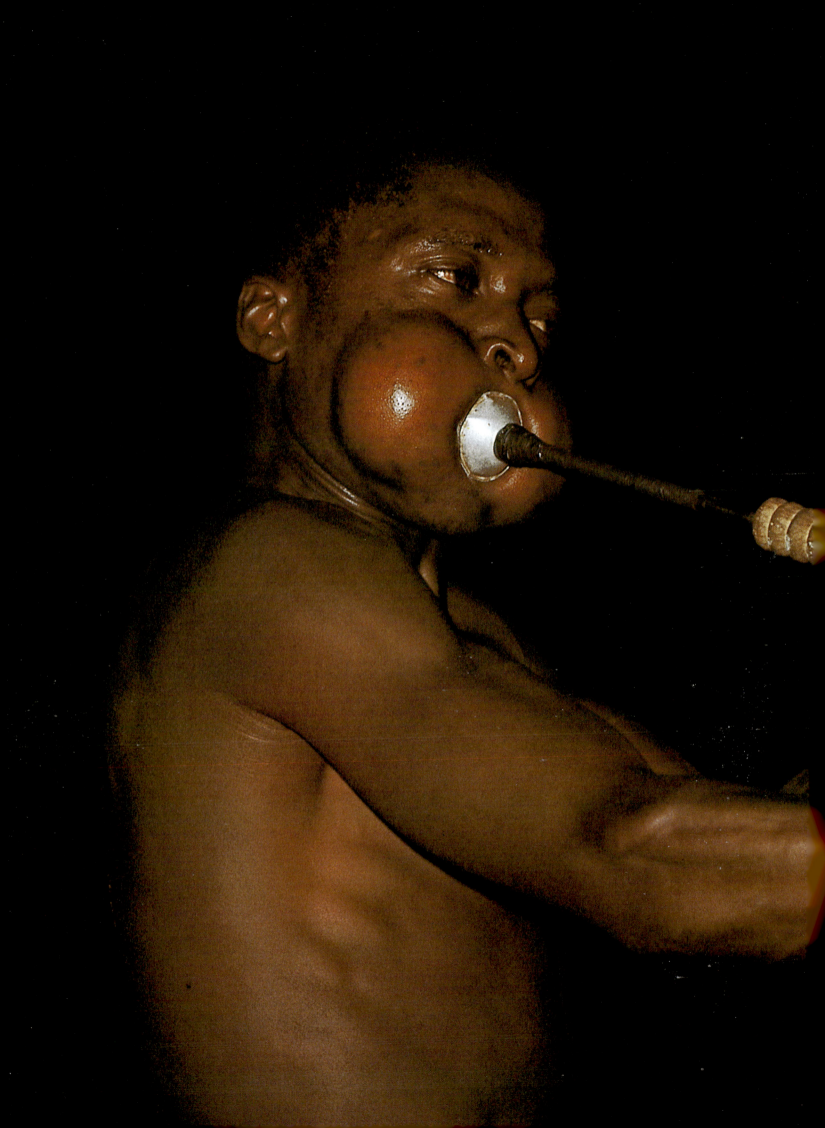

167 Ein Giriama bläst volltönend auf seinem traditionellen In-
strument, Trommeln begleiten ihn.

168 In ihrer Blütezeit im 18. und 19. Jh. war die Stadt Lamu an
Kenias Nordküste ein wichtiger Stützpunkt für den bereits lange
bestehenden Handel zwischen Asien und Afrika. Heute macht der
Ort mit seinen engen, gewundenen Gassen einen friedlichen, fast
etwas schäbigen Eindruck. Nichts erinnert an vergangene Tage des
Wohlstandes, als die arabischen Dhaus hier ankerten, um feinzise-
lierte Dolche und Beile, Glasgefäße, Weizen und Baumwollstoffe
gegen afrikanisches Elfenbein, Sklaven, Schildpatt und Rhinoze-
ros-Hörner einzutauschen.

   Es ist oft übersehen worden, wie groß die Rolle der aus Asien
eingeführten Nutzpflanzen war. Yams und Banane faßten in Ostafrika sofort Fuß und kamen von hier auch nach Westafrika. Beide
Pflanzen liefern reiche Grundnahrungsmittel, und man nimmt sogar an, daß die Einführung der Banane zur Bevölkerungsexplosion
der bantusprachigen Stämme in Zentralafrika beitrug, die sich später über den ganzen Subkontinent ausbreiteten. Die Städte, die sich
an der Ostküste entwickelten, lebten zum großen Teil von diesen
neuen Nahrungsmitteln, denn die sonst in Afrika üblichen Getreidearten vertrugen das feucht-heiße Klima schlecht.

169

170

169 Der Kapitän und zwei Besatzungsmitglieder überprüfen den Kurs. Vor mehr als einem Jahrzehnt segelte die Dhau *Mihandust* – wörtlich „Ich suche meine Heimat'' – mit dem Nordostmonsun schnell und unbeirrt von Arabien nach Afrika.

170 Kapitän und Steuermann halten Wacht. Sie sitzen auf persischen Teppichen, die zusammen mit reichgeschnitzten arabischen Truhen in den ostafrikanischen Hafenstädten verkauft werden sollen.

171 In Mombasa gibt es viele Interessenten. Aber Bürokratie, neue Zölle und Währungsregelungen haben den alten Handel schwieriger gemacht.
Der Südwest-Monsun kündigte dann die Zeit zur Heimreise an. Die einzige Ware, die des Mitnehmens nach Arabien wert schien, waren Mangrovenpfähle. Die Rückreise war langsam und schwierig – sogar mit Unterstützung eines Dieselmotors. Für die *Mihandust* war es die letzte Afrikafahrt.

172 Ein persischer Seemann holt einen Thunfisch an Bord. Die meisten während der Fahrt gefangenen Fische werden ausgenommen und für späteren Verkauf in Salz gepackt. Einige werden als willkommene Abwechslung zur eintönigen Schiffskost selbst verzehrt.

173 Nach mehr als 2 000 Jahren Abenteuer und Profit geht jetzt der Dhauhandel dem Ende zu.

171

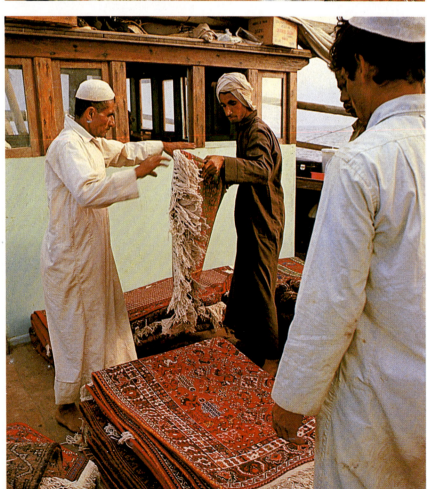

Vorige Seiten:

174 In Panik drängen sich Elefantenkühe mit ihren Jungtieren um die Leitkuh und zertrampeln die Grünfläche in der Serengeti.

175 Noch zehn Jahre nach der verheerenden Dürre in Osttansanias Tsavogebiet ist man sich der Folgen ihres Zugriffs bewußt. Hier verdursteten und verhungerten in den 1970er Jahren fast 6 000 Elefanten. Die Herden sind zwar Wilderern ausgeliefert, doch selten fügt ein Naturereignis ihnen einen derartigen Schaden zu, ja, das heutige Dilemma ist sogar teilweise auf unkontrollierte Vermehrung zurückzuführen, und man erörtert die Ausmerzung des Bestands. John Hanks meint: „Vereinfachend kann man sagen, daß Elefanten getötet werden, weil sie als gierige, extravagante, verschwenderische Fresser unerhörte Veränderungen in der Vegetation verursachen."

Der Schaden ist genau aufgezeichnet und klar ersichtlich: Der Elefant zerstört genau die Bezirke, die man für ihn und sein Überleben reserviert hat, und da er sein eigenes Wohngebiet drastisch verändert, bedroht er auch die Existenz anderer Tiere.

Verantwortliche und besorgte Leute diskutieren hin und her und sind in zwei Lager gespalten. Die einen glauben, die Elefantenpopulation müsse sorgfältig ausgedünnt werden, bevor der Schaden nicht mehr wiedergutzumachen ist; die anderen sind der Meinung, man solle der Natur freien Lauf lassen. Vielleicht wäre etwas von beiden Standpunkten der beste Weg; wenn der Natur Zeit gelassen wird, findet sie meist einen heilsamen Ausgleich.

Man hat zum Beispiel herausgefunden, daß Elefanten unter dem Druck der Überpopulation selbst eine erstaunliche Geburtenkontrolle entwickeln; die Kühe werden erst im späteren Lebensalter tragend und setzen ihre Kälber auch in größeren Zeitabständen. Aber bei einem Tier, das in der Sicherheit der Reservate 60 Jahre alt werden kann und auch wird, braucht es seine Zeit, bis solche bemerkenswerten natürlichen Regulierungen Auswirkungen auf die Zahl der lebenden Elefanten zeigen. Deshalb ist das folgende Argument durchaus einzusehen: Während die Natur allmählich einen Ausgleich findet, sollten zunächst einige Elefanten abgeschossen werden, damit die Umwelt in der Zwischenzeit geschützt wird.

176 Mit vorgeklappten Ohren, die seine gewaltige Größe noch betonen, greift dieser Elefant aus Ostafrika – Gewicht über fünf Tonnen – die Kamera an. Aber sein Angriff ist mehr Bluff als Ernst.

175 176

177 Nebel, Rätselhaftigkeit und eigenartige Riesenpflanzen verbergen die geheimnisvollen Täler der Mondberge. Der schwedische Botaniker Hedberg beschrieb diese Region so: „Es ist Winter in jeder Nacht und Sommer an jedem Tag.'' Um diesen extremen Bedingungen zu begegnen, haben die Pflanzen verschiedene Anpassungsformen entwickelt. Die lange „Straußenfeder''-Lobelie auf diesem Bild zum Beispiel prunkt mit einem federigen Überzug auf den verlängerten Blütenköpfen. Andere Pflanzen tragen Blattrosetten zum Schutz der wachsenden Spitze, wieder andere dicke Korkgürtel um die Stämme. Haarige oder wachsartige Blätter geben einen zusätzlichen Isolierungsschutz. Vielleicht ist sogar das gigantische Wachstum selbst eine Art der Anpassung, aber bis heute hat man dieses Phänomen noch nicht völlig erforschen können.

178 1885 arbeitete sich Count Samuel Teleki durch Nebel und Frost und erreichte als erster Weißer die alpine Zone des Mount Kenia.

Südafrika

Das Prinzip der Fruchtbarkeit liegt allen afrikanischen Kulturen zugrunde. Es stärkt die Bande zwischen Vergangenheit und Zukunft, zwischen den Vorfahren und den Lebenden, und wird in Dichtung und Kunst, Mythen und Ritualen immer wieder dargestellt. Seine Bestätigung findet dieses Prinzip in den kinderreichen Familien, den ertragreichen Feldern und den großen Herden kräftigen Viehs. Seit über 2 000 Jahren bestimmte und prägte es das Handeln der schwarzen Völker Afrikas.

Voraussetzung für dieses traditionell bewährte Prinzip ist allerdings ausreichendes Land, damit sich eine zahlenmäßig wachsende Bevölkerung ihrem Bedarf entsprechend ausbreiten kann. Das augenfälligste Beispiel dafür ist die sogenannte „Völkerwanderung der Bantusprachigen", die den schwarzen Mann über einen Zeitraum von 5 000 Jahren stetig weiter nach Süden führte, fort von seiner ursprünglichen Heimat, dem Seengebiet Zentralafrikas. Archäologen, die alte Siedlungsplätze in Südafrika untersuchten, um den genauen Ankunftstermin der Schwarzen bestimmen zu können, fanden Beweise dafür, daß die Bantusprachigen im 5. Jahrhundert v. Chr. bereits weit ins südliche Afrika vorgedrungen waren.

Während ihrer langen Wanderzeit entwickelten sie Methoden und Werkzeuge, mit denen sie in dieser Umwelt am besten zurechtkamen. Als Waffen benutzten sie den Assagai, einen Wurfspeer, und die Lanze, als Werkzeuge dienten ihnen eiserne Hacken und Äxte. Auch Handwerke wie Töpferei und Korbflechterei wurden nachgewiesen. Obwohl diese Völker ihre Kenntnisse nicht mit Hilfe des geschriebenen Wortes festhalten und weitergeben konnten, wurde die kollektive Erfahrung in bewährter Weise jeweils vom Vater auf den Sohn übertragen.

Über mehrere Jahrtausende verfolgt, kennzeichnet die Verbreitung der Schwarzen im südlichen Afrika einen einschneidenden demographischen Wandel. Doch innerhalb dieses großen Zeitabschnitts erscheinen Tempo und Art der Wanderungen als langsam und wenig koordiniert. Die Bantusprachigen lassen sich in mehrere Untergruppen teilen, zu denen u. a. die Xhosa und Zulu im heutigen Südafrika, die Shona und Matabele in Simbabwe, die Ovambo und Herero in Namibia, die Bemba und Tonga in Sambia und die Ovimbundu in Angola zählen. Die hier genannten Stämme spiegeln zugleich die Mannigfaltigkeit der Sprachen innerhalb der großen Sprachgruppe wider, aus der sie alle sich entwickelt haben. Doch diese Vielfalt von Sprachen und kultureller Identität sollte nicht über das starke Band

„Ein angemessenes, ausgewogenes Wirtschaftswachstum ist notwendig, wenn die Staaten Afrikas aus dem Teufelskreis der Armut ausbrechen und die Voraussetzungen für größere Möglichkeiten und mehr Freiheiten schaffen wollen, die die Grundlage menschlicher Würde bilden."

Internationale
Arbeiterorganisation, 1976

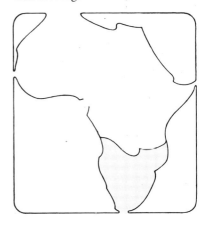

179 Zulu-Mädchen vor einem Dorfladen.

hinwegtäuschen, das diese Völker verbindet. Zu den wichtigsten Gemeinsamkeiten gehört z. B. der Brauch, daß Land niemals Besitz eines Einzelnen oder einer Gruppe war. Es wurde je nach Bedarf vom Häuptling zugeteilt. So behinderte privater Grundbesitz nie die Wanderung der Bantusprachigen. Die große Bedeutung, die dem Besitz von Rindern beigemessen wird, ist ebenfalls allen Bantuvölkern gemein. Rinder sind Ausdruck des materiellen Wohlstandes und des Ansehens ihres Besitzers innerhalb der Gesellschaft. Darum wird ein Bantusprachiger seine Rinder ebensowenig zum Verzehr schlachten wie jemand in unserer vom Bargeld bestimmten Gesellschaft sein Geld vergeudet, sondern es klug anlegt, damit sich sein Kapital vermehrt und ihm Sicherheit gibt. Ein Bantusprachiger kümmert sich deshalb sehr intensiv um seine Herde, damit auch sein Kapital und sein Ansehen wachsen. Für den Lebensunterhalt muß dann der Boden sorgen.

Afrika ist zwar ein riesiger Kontinent, doch seine Böden sind im allgemeinen ausgesprochen karg. Früher neigten oberflächliche Betrachter dazu, Afrikas Größe mit seinem Potential und seine gut entwickelte Vegetation mit einer entsprechenden Fruchtbarkeit gleichzusetzen. Der Forscher W. Allan wies darauf hin, daß 57 Prozent der Landfläche so unfruchtbar sind oder klimatisch so ungünstig liegen, daß sie sich für Ackerbau überhaupt nicht eignen. Weitere 32 Prozent bestehen aus kargen Böden. Allan schätzt, daß man nur 3 Prozent des afrikanischen Bodens wirklich fruchtbar nennen kann, weil seine Produktivität auch ohne lange Brachezeiten erhalten bleibt.

Der schwarze Bauer besaß nicht das notwendige Wissen, um dergleichen festzustellen, doch bemerkte er sehr wohl, wie unproduktiv der Boden war, den er bearbeitete, und er wußte, daß er ihn nicht länger als einige wenige Jahre hindurch ununterbrochen nutzen konnte. Diese Gegebenheit zwang ihn, ständig weiterzuziehen und neues Land urbar zu machen, wenn das alte ihn und seine Familie nicht mehr ernährte.

Die afrikanischen Bauern wußten sehr gut um den Segen des Düngens und die Methoden, durch Asche die Fruchtbarkeit des Bodens zu vermehren. Um das Land vorzubereiten, legte man Feuer an und brannte Savanne und Wald nieder. Dann hackten Frauen die Asche unter, bevor sie mit dem Säen und Pflanzen begannen. In der Nähe der Siedlungen pflanzte man Gemüse, womit die Grundnahrungsmittel Hirse und Mais ergänzt wurden. Das Hauptgericht bestand aus dickem Mehlbrei. Milch, durch verschiedene Zusätze gesäuert, lieferte das nötige Protein, und zu festlichen Anlässen schlachtete man auch einmal einen Ochsen.

Die traditionelle Gesellschaftsform bei den bantusprachigen Völkern zeigt, wie eng kulturelle Gewohnheiten und Umweltbedingungen miteinander verbunden sind. In der Regel bestand eine Familie aus dem Mann, seiner Frau und den Kindern. Häuptlinge oder besonders wohlhabende Männer hatten zwei oder sogar mehrere Frauen. Die Gehöfte lagen in lockerer Form um den Viehkral verstreut. Ihre Besitzer waren durch Heirat oder Herkunft miteinander verwandt und durch ein enges Netz von Pflichten und Abhängigkeiten verbunden. So half man sich z. B. zu bestimmten Jahreszeiten gegenseitig aus, wenn bei intensiven Arbeiten viele Hände gebraucht wurden.

Bei den Bemba in Sambia kommen die Männer noch heute zusammen, um sich gegenseitig beim Fällen von Bäumen und beim Roden von Buschland zu helfen und dadurch neues Land urbar zu machen. Sie holen auch gemeinsam Strauchwerk aus der Umgebung und verbrennen es. Die Asche benutzen sie zur Düngung ihrer Felder.

Zur Erntezeit kommt die ganze Verwandtschaft zusammen. Ist das eine Feld abgeerntet, zieht man zum nächsten und plagt sich von morgens bis abends unter der sengenden Sonne. Von Zeit zu Zeit gibt es selbstgebrautes Bier und eine Mahlzeit, die der Gastgeber so freigiebig anbietet, wie es seine Mittel erlauben. Die Gastfreundschaft Familienangehörigen und sogar Fremden gegenüber ist ein Beispiel für das selbstverständliche Prinzip der Gegenseitigkeit, auf dem ihr Leben beruht.

Mit der Zunahme der Bevölkerung und dem Druck der Nachrückenden mußte immer mehr neues Land erschlossen werden. Urbar gemachtes Land dehnte sich dadurch immer weiter nach Süden aus.

Die Wanderung ging nur langsam voran, denn die Gruppen an der Spitze wußten nichts von dem Bevölkerungsdruck, der weiter hinter ihnen entstanden war. Freies Land lag jeweils vor ihnen, und das verlassene Gebiet blieb einige Jahre lang Brachland, bis die folgende Gruppe nachrückte. Da der Landschaftstyp im großen und ganzen gleich blieb, ergab sich keine Not-

wendigkeit für soziologische oder technologische Veränderungen. Die rote Erde Afrikas, deren Sandkörner mit einer unlöslichen Eisenschicht umhüllt sind, brachte im allgemeinen ausreichende Ernten, um Töpfe und Mägen zu füllen. Besonders gut gediehen die hochgeschätzten Rinder, die sich glatt und wohlgenährt in den Krals drängten.

Während das Tempo der Wanderung von der Bevölkerungsdichte abhing, bestimmte Wasser ihre Richtung.

Grundsätzlich ist Afrika ein wasserarmer Kontinent. Nur die äquatoriale Zone erhält reichlichen Niederschlag. Das strahlende Blau des afrikanischen Himmels hat seinen Ursprung vor allem in der geringen Luftfeuchtigkeit der Atmosphäre im Innern des Kontinents. Auch die großartigen Sonnenuntergänge in bestimmten Gebieten wie z. B. am Sambesi gehen auf die allgemeine Trockenheit zurück; ihre Wirkung wird hier noch vom roten Staub des Kalahari-Sandes verstärkt, der wie ein Vorhang in der Luft hängt und die abendlichen Sonnenstrahlen filtert und reflektiert.

Im südlichen Afrika wehen während des Sommers feuchte Winde vom Indischen Ozean her nach Westen. Wenn sie an den Steilabfall der Hochfläche stoßen, regnen sie ab und halten desto weniger Feuchtigkeit bereit, je weiter sie westwärts vordringen, bis an der Westküste schließlich Wüstenbedingungen herrschen. Über dem Gebiet um den Sambesi beeinflußt außerdem das äquatoriale Klima die Regenfälle, die dort allerdings unberechenbar sind. Sie kommen oft erst spät und sind teilweise enttäuschend dürftig.

Diese Klimabedingungen lassen sich auch am Wanderweg der bantusprachigen Völker nachweisen. In Simbabwe ist z. B. das östliche Hochland ausreichend mit Regen versorgt, während im Westen rauhes Buschland und bizarre Affenbrotbäume den Eindruck einer von Trockenheit geplagten Landschaft entstehen lassen. Ausreichende Niederschläge bilden die Voraussetzung für den Ackerbau, doch etliche Gebiete, die genügend Regen erhalten, fruchtbaren Boden und eine üppige Vegetation haben, sind von der Tsetsefliege verseucht. Sie überträgt das tödliche Trypanosoma, das den Rindern Nagana und den Menschen Schlafkrankheit bringt. So sorgte die Tsetsefliege als natürlicher Wächter über den besten Boden dafür, daß die wandernden Bantuvölker im trockeneren Grasland blieben. Überall dort im südlichen Afrika, wo es jährlich über 1 000 mm Niederschlag, Schatten, Hitze und hohe Luftfeuchtigkeit gibt, tritt die Tsetsefliege noch heute endemisch auf und verhindert die Viehhaltung.

Die Völkerwanderung der Bantusprachigen bewegte sich vor allem südwärts, doch zeigt die heutige Verteilung der Stämme, daß sie sich auf diesem Weg aufgespalten haben. In Sambia gibt es mehr als 70 unterschiedliche Stämme, ein Beweis dafür, daß dieses Land das Hauptdurchzugsgebiet war. Die Gruppen, die den Subkontinent von Ost nach West durchquerten, umgingen die tsetseverseuchten Gebiete. Einige siedelten in den Barotse-Niederungen, die der Sambesi bei Hochwasser überschwemmt, andere mieden das tsetsereiche Land am Okavango-Delta und erreichten vor etwa 400 Jahren das nördliche Namibia und den Atlantik.

Namibia ist bedrohlich trocken. Die Meeresströme an seiner heimtückischen Küste stammen aus dem eisigen Süden, und die kühlen Seewinde bringen keinen Regen. Nur der dichte Nebel, der von Zeit zu Zeit den Küstenstreifen bedeckt, trägt Feuchtigkeit in dieses Gebiet großartiger und geheimnisvoller Stille, wo hohe, geschlossene Dünenketten und fahle Kalksteinebenen sich abwechseln. In dieser Einsamkeit der Namib entstand eine einzigartige Tier- und Pflanzenwelt; sie paßte sich den lebensfeindlichen Bedingungen so hervorragend an, daß sie in der Lage ist, ihren Feuchtigkeitsbedarf aus dem Nebel zu decken und sich von winzigen organischen Teilchen zu ernähren, die der trockene Wind aus dem Landesinneren in die Namib trägt.

Doch die Viehhalter, die dieses Gebiet erreichten, interessierten sich natürlich nicht für das bewundernswerte Tierleben der Namib. Sie suchten Weide und Wasser und waren hier auf eine unbezwingbare Grenze gestoßen. So zogen sie nordwärts in Richtung Angola weiter. Die Ovambo siedelten sich in den weiten Ebenen des Kunene-Flusses an; die Herero suchten weiter südlich nach eine neuen Heimat. Hier stießen sie nun erstmals auf eine Gruppe von Viehhaltern, die nicht mit ihnen verwandt waren, nämlich auf die Nama, die auf der Suche nach Weideflächen von Süden her durch die Trockengebiete an der Küste gezogen waren.

Die Nama gehören zu einer Gruppe, die als Hottentotten (oder Khoi) bekannt und mit den Buschmännern (oder San) verwandt sind. Der wesentliche Unterschied zwischen Khoi und San liegt auf kulturellem Gebiet. Die San lebten ausschließlich als Sammler und Jäger im südlichen Afrika, während die Khoi daneben auch noch Vieh hielten.

Die Hottentotten gibt es heute nicht mehr als eine geschlossene Kulturgruppe. Sie starben aus, dahingerafft von eingeschleppten Krankheiten, gegen die sie nicht immun waren. Pocken und Masern wüteten verheerend unter ihnen. Die Überlebenden heirateten in andere Bevölkerungsgruppen hinein, wurden kulturell von den schwarzen wie den weißen Eindringlingen absorbiert oder verloren ihr Leben beim Kampf um die Besitzrechte an ihrem Land.

Überall an der Küste von Namibia bis zum Indischen Ozean stießen Archäologen auf zahllose Fundstellen, die von der Lebensweise der „Strandläufer" zeugen. Riesige Berge von weggeworfenen Austern- und Muschelschalen beweisen, wo ihre Nahrungsquelle lag. Man hat Grund zur Annahme, daß die Nama noch vor nicht allzu fernen Tagen auf Nahrung aus dem Meer zurückgriffen, als die Lebensbedingungen im Inland Namibias unerträglich geworden waren.

Die Khoi/San waren die Ureinwohner des Subkontinents und haben sich aller Wahrscheinlichkeit nach auch dort entwickelt. Sie sind von kleiner, zarter Statur. Der auffällige Fettsteiß der Frauen gilt als besonders attraktiv. Ihre honigfarbene Haut, die schräggestellten Augen mit der deutlichen Lidfalte und ihr ausgeprägt spärlicher Haarwuchs scheinen sie als Rasse völlig von den übrigen Völkern Afrikas zu trennen. Es gibt jedoch etliche Beweise dafür, daß Khoi/San und Schwarze gleichen genetischen Ursprungs sind.

Die Gründe für die Trennung in eine nördliche und eine südliche Bevölkerungsgruppe, die schließlich zur Entwicklung zweier so unterschiedlicher Rassen führte, können wir nur vermuten. Die nördliche Gruppe entwickelte sich zu den negroiden Völkern weiter, deren physische Erscheinung den Lebensbedingungen der Tropen besonders angepaßt ist. So schützt sie z. B. ihre stark pigmentierte Haut vor ultraviolettem Licht. Die kleinwüchsigen Jäger-Sammler des Südens aber blieben jenem Prototyp Mensch ähnlicher, von dem beide Gruppen abstammen.

Die Auseinandersetzungen zwischen den beiden Hirtenvölkern im Westen des Subkontinents wurden zu einem bezeichnenden Bestandteil der namibischen Geschichte. Herero und Nama hatten die Grenzen ihrer Ausbreitung erreicht und mußten ihre territorialen An-

sprüche in dem Landstreifen zwischen der küstennahen Wüste Namib und der im Inland gelegenen Halbwüste Kalahari ausfechten.

Der Konflikt verschärfte sich, als weitere Stämme in namibianisches Gebiet vordrangen. Es handelte sich um zivilisierte Hottentotten, die im späten 17. Jahrhundert vom Kap der Guten Hoffnung herbeizogen und Feuerwaffen mitbrachten, die das Kräftegleichgewicht zwischen Herero und Nama nachhaltig beeinflußten. Im Laufe der Zeit hatten sich über eine Million Menschen in diesem ausgedehnten Gebiet angesiedelt, unter denen sich auch Weiße befanden – v.a. Deutsche und Afrikaner – die ein Jahrhundert nach der Einwanderungswelle in den 1890er Jahren die Vorherrschaft über das Land gewannen und große Gebiete für ihre Weidewirtschaft mit Rindern und Karakulschafen beanspruchten.

Namibia, das 1990 endlich unabhängig wurde, ist ein armes Land, dessen Bevölkerung zu klein ist, um einen auf dem Inlandsmarkt beruhenden Wohlstand zu erzeugen, während seine Härte und Unwirtlichkeit den meisten kaum mehr als das Existenzminimum bietet. Trotz der blühenden Viehwirtschaft müssen fast alle Lebensmittel aus Südafrika eingeführt werden.

Die reichen Bodenschätze Namibias sind jedoch für die Zukunft vielversprechend. Die Qualität der hiesigen Diamanten, die vom Hinterland des gewaltigen Oranje ins Meer geschwemmt werden, läßt sich kaum übertreffen, auch Uran für künftige Kernreaktoren findet man hier. Aus geologischer Sicht liegen jedoch Auffindung und Ausbeutung immer noch im argen. Ertragreiche Steinkohle-, Eisenerz- und Goldvorkommen, doch auch unedle Metalle sollen im Schoß des fernen Kaokovelds im Nordwesten verborgen liegen, und im Kreis Otjiwarongo wurde eine riesige Graphitlagerstätte gefunden. Noch erfreulicher ist die Aussicht auf die großangelegte Kohlenwasserstofferzeugung: die geschätzten Reserven des Erdgasfelds „Kudu" (vor der Oranjemündung) liegen zwischen vier und 16 Trillionen Kubikfuß, während mehrere Erdölvorkommen an der Nordküste noch untersucht werden müssen.

Vor der Küste Namibias gibt es einen anderen wertvollen Rohstoff für unsere proteinhungrige Welt: riesige Sardinen- und Sardellenschwärme. Rücksichtslose Überfischung stellt die Zukunft dieser Fischgründe in Frage, doch bei vorsichtiger Planung und Kontrolle ließen sich die Erträge wohl auch weiterhin sichern.

An der Ostseite des Subkontinents war der Strom der Bantusprachigen immer weiter südwärts vorgedrungen und schließlich auf Buschmänner und Hottentotten gestoßen. Den Buschmännern war dieses Land schon seit langem Heimat, ungebunden durchstreiften sie es in allen Richtungen. Selbst die Ankunft der Hottentotten mit ihren Rindern 4 000 Jahre zuvor hatte diese uralte Freiheit der Buschmänner kaum beeinflußt, und beide Gruppen lebten in friedlicher Koexistenz. Doch als ihnen die körperlich kräftigeren Schwarzen mit ihren Rindern die Jagdgründe nahmen, blieb ein Konflikt unvermeidlich, bei dem die Schwarzen durch ihre Speere und Pfeile mit eisernen Spitzen eindeutige Vorteile hatten. Als die Buschmänner merkten, daß die zahmen Rinder sich wesentlich leichter jagen ließen als die wachsamen Antilopen im Buschveld, gab es auf Seiten der Schwarzen keine Nachsicht mehr.

Die Buschmänner dagegen sahen ihr Überleben bedroht, denn die Neuankömmlinge nahmen ihnen alles, was ihnen selbst wertvoll war. Im afrikanischen Buschveld gehören Süßigkeiten zu den seltenen Luxusgütern. Der Buschmann liebte den Honig wilder Bienen und verteilte Waben, Honig und die fetten weißen Larven als hochgeschätzte Leckerbissen unter der Sippe. Auch dem schwarzen Mann schmeckte der dunkle, duftende Honig, und er nahm sehr zum Ärger des Buschmannes die Nester aus, die er am Wege fand.

Aber der Subkontinent war riesengroß und bot besonders in den östlichen Regionen allen genügend Raum, den Bantusprachigen, den Buschmännern und den Hottentotten, die in den Winterregengebieten weit im Süden lebten. Zwar geht das Grasland dort in Hartlaub-Vegetation über, die für Weidezwecke nicht sonderlich geeignet ist, doch die Hottentotten konnten sich durch ihre Kenntnisse im Sammeln von Wildfrüchten an diese Umgebung anpassen.

Als die Schwarzen schließlich die Gegend des Sunday River erreicht hatten, in der das Buschveld des Kaplands beginnt, empfanden sie dies als unsichtbare Grenze zu einer ihnen feindlichen Welt. Hier fehlte es nicht nur an Weidemöglichkeiten für die Rinder, sondern Hirse und Mais, die Hauptnahrungsmittel der Schwarzen seit Jahrhunderten, gediehen auf diesem Boden nicht. Zwar erkundeten Stoßtrupps das vor ihnen liegende Land, doch siedelte man dort nicht, denn die bisher erworbenen Erfahrungen ließen sich nicht auf die völlig fremden Gegebenheiten anwenden. Damit war die Wanderung auf eine natürliche Grenze gestoßen. Doch der Bevölkerungsdruck ließ dadurch nicht nach. Beim Rückzug mußte man sich ihm entgegenstemmen.

Es gibt keine schriftlichen Aufzeichnungen über die folgende Entwicklung, die zu Beginn des 19. Jahrhunderts zum Aufstieg der Zulu und ihres Häuptlings Shaka führte. Die Zulu hatten schon früher die Drakensberge überquert – jenen Gebirgszug, der den Küstenstreifen vom Hochplateau im Landesinneren trennt – und sich im küstennahen Land am Indischen Ozean niedergelassen.

Natürliche Bevölkerungszunahme ließ das Land, auf dem sie als Bauern und Viehhalter lebten, immer knapper werden. Es ist durchaus denkbar, daß sich die Lage durch mehrere Dürrejahre verschlimmerte.

Getrieben vom Landhunger und angestachelt durch die Führerschaft und den militärischen Genius von Shaka, begannen die Zulu mit Raubzügen gegen ihre Nachbarn. Die Zulu-Truppen kämpften mit hervorragender Disziplin, großer Begeisterung und ihren doppelschneidigen Assagais, einer waffentechnischen Neuerung. Sie besiegten einen Gegner nach dem anderen.

Zuerst unterwarfen die Zulu bis zum Limpopo-Fluß im Norden jeden Widerstand und lösten dadurch die *Difagane*, eine „erzwungene Fluchtwelle" aus. Wer nicht bereit war, sich Shakas Machtgelüsten zu unterwerfen, mußte fliehen. Überall gab es nun Flüchtlinge – bis ins heutige Tansania hinein. Mzilikazi entkam mit seinen Anhängern nach Simbabwe, wo er die Nation der Ndebele gründete. Dadurch wurden nun andere Stämme vertrieben, die sonst gar nicht direkt von den Zulu bedrängt worden wären. Diese Ereignisse lösten Folgen aus, die schließlich alle bantusprachigen Völker erfaßten.

Innerhalb von 12 Jahren hatte Shaka die Beziehungen der schwarzen Völker zueinander und ihre räumliche Verteilung im südlichen Afrika völlig neu gestaltet. Shaka wurde 1828 ermordet, doch noch fast 50 Jahre lang konnten die Zulu ihre Vorherrschaft behaupten. Ihre endgültige Niederlage rächte den Tod von 1600 britischen Soldaten, die 1879 in der Schlacht von Isandhlwana gefallen waren.

Aber noch eine andere Macht hatte ihren Fuß auf südafrikanischen Boden gesetzt. Mitte des 17. Jahrhunderts kamen die Holländer ans Kap der Guten Hoffnung. Sie waren nicht die ersten Fremden, die sich auf dem Subkontinent behaupteten, denn bereits im 10. Jahrhundert unterhielten Araber und Perser Handelsbeziehungen zu den Bewohnern der Ostküste.

Das Gold der Monomotapas im heutigen Simbabwe gelangte durch Suaheli-Mittelsmänner an Händler in Häfen wie Sofala in Moçambique. Nachdem sich die Portugiesen gegen Ende des 15. Jahrhunderts in den Handel an der Ostküste eingeschaltet hatten, kam es zu einer ständigen Verschiffung von Elfenbein, Gold und Sklaven. Die Händler setzten sich zwar nicht im Inland fest, sondern beschränkten sich auf den Handel im Küstengebiet, aber besonders ihr Bedarf an Sklaven versetzte die Menschen im Hinterland in Angst und Schrecken.

In den Ruinen Groß-Simbabwes, der Hauptstadt der Rozwi zur Blütezeit des Goldhandels, fand man orientalische Porzellanscherben. Dennoch ist zweifelhaft, ob je ein Fremder in dieses Reich eindrang und die Stadt betrachtete, als hier noch ein geschäftiges Treiben herrschte.

Anders als Araber und Portugiesen gründeten die Holländer zu Füßen des Tafelbergs weit im Süden Afrikas eine kleine Versorgungsstation und siedelten sich dort an. Ursprünglich hatten sie nur die Absicht, vorbeifahrende Schiffe mit Proviant und Frischwasser zu versorgen, aber in ihrem Herzen waren sie bodenständige Menschen mit Pioniergeist und einem ausgeprägten Sinn für Unabhängigkeit.

Schon bald erfüllte sie der Wunsch, dem Einfluß ihrer so fernen, aber desto strengeren Regierung zu entrinnen. Aber noch drängender war der zunehmende Mangel an Land in unmittelbarer Nähe der Siedlung. Den Männern, denen ihre Herden den Lebensunterhalt bedeuteten, blieb deshalb nur ein Ausweg: die Suche nach neuen Weideflächen im Landesinneren. So überwanden sie die Bergketten, die ihre winzige Siedlung am Kap umgaben, und folgten ihrem Traum vom Gelobten Land. Ihre unendlich langsamen Ochsenwagen brachten sie nordostwärts. Sie umgingen die furchteinflößenden Trockengebiete der Großen und Kleinen Karoo und suchten nach einer neuen Heimat.

Je näher diese Bauern und Viehzüchter auf ihrem Treck dem Land kamen, das bereits von den Schwarzen in Besitz genommen war, desto unausweichlicher wurde

der Zusammenstoß. Die Weißen zogen schließlich an der Ostseite entlang bis zum Ende des Buschvelds und blickten über das *Suurveld* mit seinen „Sauer-Gräsern". Auf jene aber, die es später schafften, das Gebiet nördlich der Karoo zu erreichen, wartete ein noch verlockenderer Anblick. Dort fanden sie ideales Weideland mit Bächen und Flüssen voll klaren Wassers – doch auch dieses Land war bereits von Schwarzen besiedelt.

Nach Osten und Westen verursachten die konkurrierenden Territorialansprüche große Spannungen, die sich durch die naturgegebenen Differenzen zwischen den völlig verschiedenen Kulturen verschärfte. Trotz eines gewissen Unbehagens verhielten sich schwarze und weiße Viehhalter im östlichen Kapland anfänglich duldsam, mit dem Landhunger nahmen jedoch auch die bitteren Auseinandersetzungen um Ressourcen zu, die sich bis zum heutigen Tag fortsetzen.

In Südafrika bürgerte sich eine auf Rassenschranken beruhende Vermögensverteilung ein, die sich v.a. am Grundbesitz zeigte, so daß den Schwarzen bloße 13 Prozent der Gesamtfläche verblieben. Durch den 1990 eingeleiteten Übergang zu einer neuen, demokratischen Verteilung ist endlich Gerechtigkeit zu erwarten, obwohl Millionen Schwarze noch immer beengt und oft unter dem Existenzminimum leben. Ihre bewährte Fruchtwechselwirtschaft ist bei dem heutigen Landmangel und der Übervölkerung undenkbar, die Lage ist sogar so ernst, daß man nicht einmal Brachfelder erwägen kann. Der Ertrag läßt bei jeder Ernte nach, bis sich die Bewirtschaftung überhaupt nicht mehr lohnt, und man den Acker den Rindern und Ziegen überläßt.

Ein weiterer, allgemein wenig bekannter Anlaß zur Besorgnis in diesen ländlichen Gebieten – und großen Teilen Afrikas überhaupt – ist der erschreckende Mangel an Brennholz. Der afrikanische Bauer kann es sich nicht leisten, sein Essen auf Paraffinkochern zu kochen, wenn alle Bäume in der Nähe seiner Hütte gefällt sind. Also benutzt er getrocknete Kuhfladen, und damit entfällt auch die Düngung, die dem Boden noch eine gewisse Fruchtbarkeit gegeben hätte.

Der verheerende Ablauf läßt sich voraussagen: der Boden ist ausgemergelt, der Baumbestand gerodet, der Erosion wird kein Einhalt geboten, sie verwandelt die Landschaft in vielen früheren „Homelands" in eine von tiefen *Dongas* durchkreuzte Einöde, wo die Verwitterung ihr zerstörerisches Werk fortsetzen kann.

Die steigende Geburtenrate verschärft die mißliche Lage, denn während die Bodenerträge zurückgehen, werden die Bedürfnisse der Lebensmittelversorgung umso dringlicher. In einem Gebiet, das die Zulu schon vor 180 Jahren für ihre Lebenshaltung als zu eng empfanden, ringen heutzutage ca. vier Millionen ihrer Nachkommen um ihr täglich Brot. Shaka würde sein Reich gewiß nicht wiedererkennen, denn ausgedehnte Gebiete sind bis auf den Felsuntergrund abgetragen, während anderwärts der verbotene Anbau des Indischen Hanfs bei vielen als Ausweg gilt.

Von den Beschlüssen der Legislative und der Gerichtshöfe ganz abgesehen ist im südlichen Afrika jetzt der Punkt gekommen, wo eine die Großbetriebe betreffende Landreform möglicherweise kaum zur Lösung der heutigen Probleme beitragen würde. Diese betriebswirtschaftlich geführten Unternehmen sind für die Ernährung der Allgemeinheit verantwortlich, würden sie jedoch durch Landreform ohne die entsprechende Planung an Kleinbauern verteilt, könnten diese Maßnahmen das Gegenteil erreichen. Nur wenn man afrikanische Bauern in neue Anbaumethoden einweist, läßt sich die heutige Situation verbessern.

Es wäre sinnlos, von den Kleinbauern zu erwarten, daß sie kapital-intensive und technisch komplizierte Ackerbaumethoden einführen, um den Rückgang der Produktivität aufzufangen. Keiner könnte Dünger und Schädlingsbekämpfungsmittel, Spezialsaatgut und technische Geräte bezahlen, die diese Methoden erfordern. Stattdessen brauchte man dringend neue Zielvorstellungen. So wäre es z. B. möglich, die heimischen, aber oft vergessenen Getreidearten wie Hirse und Sorghum in dürregeplagten Gegenden erfolgreich wieder anzubauen.

In vielen dieser Gebiete geht es nicht einfach um höhere Produktivität, sondern um die Erhaltung der Selbstversorgung. Dabei ist importierte Technologie weder unbedingt angebracht noch wünschenswert. Die ergiebigsten Landwirtschaftsgebiete der Erde, wie etwa der amerikanische Weizengürtel, verbrauchen zugleich Unmengen von Energie, die weniger aus menschlicher Arbeitskraft als aus nicht-erneuerbaren Rohstoffen gewonnen wird. Afrika hat keine Zukunft vor sich, in der ausreichende natürliche Energiequellen zur Verfügung ständen und außerdem billig genug wären, um auf lange Sicht Erfolge garantieren zu können.

Agronomen und Wissenschaftler sollten ihr Augenmerk auf die afrikanische Landschaft selbst richten, um angemessene Methoden zu finden, die ohne Schwierigkeiten von der ländlichen Bevölkerung akzeptiert werden könnten. Der Forscher Paul Richards sagte dazu: „Wenn man die traditionellen Methoden der Eingeborenen aufgreift, sie wissenschaftlich bearbeitet und dann an die Betroffenen zurückgibt, so werden sie wesentlich eher angenommen als etwas der heimischen Kultur völlig Fremdes." Die Bauern müssen lernen, ihre Aufmerksamkeit nicht länger einseitig dem Anbau nur einer Fruchtsorte zu widmen, denn Marktschwankungen haben in solchen Fällen in der Vergangenheit zu katastrophalen Folgen geführt. Dann sind die Investitionen an Geld und Arbeit verloren, es fehlt an Mitteln für die neue Feldbestellung und an Vorräten zum Überleben.

Inzwischen besteht im ganzen südlichen Afrika die Möglichkeit, das Landleben aufzugeben und in den Städten ein neues Leben zu beginnen. Aber selbst Südafrika mit seiner vielseitigen Wirtschaft kann den Zustrom in die Industriegebiete nicht problemlos verkraften. So muß der Ernährer einer Familie Frau und Kinder meist zu Hause im Dorf lassen, während er selbst in der Stadt nach Arbeit sucht. Da ihm für Industriearbeit jegliche Vorbildung fehlt, bleibt er häufig arbeitslos, kann seine Unterkunft nicht mehr bezahlen und schließt sich den illegalen Siedlern in den Elendsquartieren der Stadtränder an. Ob Lusaka oder Bulawayo, Maputo oder Kapstadt – überall findet man solche menschenunwürdigen Siedlungen. Hier sind Krankheit und Verzweiflung zu Hause und zerstören die letzten Aussichten des Einzelnen auf angemessenen Arbeitslohn und eine glückliche Zukunft seiner Kinder.

Karger Ackerboden und Wasserknappheit werden im südlichen Afrika in gewissen Grenzen durch reiche Bodenschätze ausgeglichen. Kohle und Eisenerz, Kupfer und Gold, Chrom und Vanadium, Uran und Kobalt sind nur einige der Gaben, mit denen die Natur diese Länder gesegnet hat.

Sambias Kupfer bildet die Hauptdevisenquelle des Landes. Angola exportiert Öl und Eisenerz, das zu dem hochwertigsten der Welt zählt. Riesige Vorräte an zweitklassiger Kohle werden in Südafrika zu Treibstoff verflüssigt, und die besten Smaragde der Welt stammen aus Sambia. Namibia verfügt über Diamanten und Uran, Botswana über Diamanten und Kohle. Simbabwe besitzt Chrom und hochwertigen Asbest, Südafrika wahre Schätze an Gold, das bisher sein wirtschaftliches Wachstum stützte, sowie Eisenerz und Vanadium.

Bei gleicher Ausgangslage, nämlich dem Vorhandensein großer nicht-erneuerbarer Bodenschätze, verlief auch die Entwicklung in allen Ländern des südlichen Afrika in ähnlicher Weise. Die Mehrzahl der Bevölkerung lebt auf dem Land an der Grenze des Existenzminimums, während der Export von Rohstoffen – vor allem Bodenschätzen – den Grundpfeiler der Wirtschaft bildet, die allein in Südafrika eine breite Basis besitzt, während Simbabwe und Sambia nur auf Teilgebieten industrialisiert sind.

Die Bevölkerungszahl hat weiterhin ungewöhnlich stark zugenommen, und allmählich erhalten die Kinder auch die Möglichkeit, gewisse Fertigkeiten zu erlernen. Doch nach wie vor fehlt eine gesunde Wirtschaftsstruktur, die alle mit Arbeit und einem angemessenen Lebensunterhalt versorgen könnte. Zu oft wird die Industrialisierung nach europäischem Vorbild kapital-intensiv vorangetrieben. Im heutigen Afrika birgt die hohe Zahl an Arbeitslosen so viele soziale und politische Risiken, daß es weder Stabilität noch Wachstum geben kann, solange nicht jeder mögliche Versuch unternommen wird, Arbeitsplätze zu schaffen.

Es gibt viele Vorstellungen darüber, wie eine solche Entwicklung verlaufen müßte. Bisher herrschte in Afrika die Tendenz vor, das Eindrucksvolle dem Einfachen und Praktischen vorzuziehen. Das nützte einigen wenigen, nicht aber der Mehrheit der Bevölkerung. So kann z. B. ein aufwendig ausgestattetes Krankenhaus denen ausgezeichnete Hilfe bieten, die dort aufgenommen werden, doch für die Mehrzahl der Kranken in entlegenen Dörfern oder in den Elendsvierteln der Städte wären Kliniken mit medizinisch geschultem Hilfspersonal sicherlich nützlicher.

Ähnliches trifft auf Industriezweige zu, die Luxusgüter herstellen. Nur wenige können sich dergleichen Güter leisten. Dagegen bleiben Produkte unberücksichtigt, die dem afrikanischen Markt und dem Geschmack seiner Menschen angemessen wären. In Ländern mit schlechten Straßen und einem geringen Brutto-Sozialprodukt rechtfertigt nichts den Bau von Montagewerken für Limousinen, während Jeeps und Lastwagen gebraucht werden und der Durchschnittsbürger sich höchstens ein Fahrrad leisten könnte.

Aber die Schwierigkeit liegt nicht allein in der Entscheidung, auf welche Weise die vorhandenen Mittel wie menschliche Arbeitskraft, Land, Wasser und Bodenschätze einzusetzen sind. Es reicht auch nicht, die Schüler abstraktes Wissen zu lehren. Das größte Problem für die Zukunft Afrikas, das bemüht ist, aus Vergangenheit und Gegenwart, eigenen und fremden Kulturformen zu einer neuen Identität zu finden, ist das der angemessenen Werte. Heutige und zukünftige Generationen müssen lernen, den Graben zwischen Realität und Wunschdenken zu überbrücken, denn allein darin liegen die Lösungen für so drängende Probleme wie das Bevölkerungswachstum und eine bessere Zukunft für alle.

Für ausländische Unternehmer ist Afrika ein vielversprechender Kontinent. Seine Bodenschätze und Rohstoffe bieten sich besonders den hochindustrialisierten Ländern an, deren eigene Reserven allmählich zu Ende gehen. Afrikas arbeitslose Massen versprechen zudem billige und leicht auszubeutende Arbeitskraft.

Doch in der Versuchung, gleich alles auf einmal haben zu wollen, liegen auch Gefahren, und zwar nicht nur für die afrikanischen Länder, denen die Devisen für den Unterhalt der eigenen Bevölkerung lebensnotwendig sind, sondern auch für die restliche Welt. Die Gesamtsituation ist derart bedrohlich, daß wir uns mit unseren wertbestimmenden Vorstellungen von Gewinn und Wachstum immer mehr den naturgegebenen Grenzen nähern. Danach folgt die düstere Realität einer materiell verarmten Welt. Aus diesem Grund sollte Afrika seine großen Reserven nicht unüberlegt vergeuden.

180 Afrika – wie aus dem Bilderbuch.

181 Im November 1855 ließ sich der Entdecker und Missionar David Livingstone in einem Kanu den Sambesi abwärts rudern, um den „Donnernden Rauch" zu sehen. Den Beschreibungen seiner Führer nach hatte er nicht mit einem so gewaltigen Anblick gerechnet. Von einer kleinen Flußinsel aus schaute er auf eines der größten Naturwunder unserer Erde. Der behäbig dahinfließende Sambesi stürzte plötzlich auf 1370 Meter Breite senkrecht in einen 108 Meter tiefen Abgrund, in dem Wolken aus Wasserstaub wogten und die Gischt hochspritzte.

Gewiß gibt es auf der Welt Wasserfälle, die breiter sind oder tiefer stürzen, doch ist keiner so eindrucksvoll wie die Victoria-Fälle, die auf einzigartige Weise die erodierende Kraft des Wassers sichtbar machen. Seit Jahrmillionen hat der Sambesi die weicheren Schichten zernagt, die den schwarzen Basalt hier durchziehen, und sich dabei ein Gewirr von tiefen, engen Schluchten als Bett geschaffen, die heute bereits gut 100 Kilometer flußaufwärts reichen. In jeder dieser Schluchten tobten einst Wasserfälle, die dem heutigen ebenbürtig waren. Und immer noch arbeitet der Fluß unaufhörlich an jeder schwachen Stelle der Gesteinsstufe und läßt so die Fälle fast unbemerkt immer weiter stromaufwärts wandern.

Etwa zehn Kilometer oberhalb der Fälle liegt am Flußufer überwuchert und fast vergessen ein kleiner Friedhof. Er zeugt davon, daß Livingstone nicht der einzige Weiße in dieser Gegend geblieben ist. Aber die Grabinschriften sprechen ihre eigene Sprache. Nachdem die Malaria viele Frauen, Kinder und Männer in der Blüte ihres Lebens dahingerafft hatte, gab man die Siedlung wieder auf.

Noch heute ist die Malaria der größte Feind der Menschen in Afrika, aber früher war sie nur eine von vielen Tropenkrankheiten, gegen die es seit Jahrtausenden keinerlei Schutz gab.

182 Überall in dieser Ebene stehen Termitenbauten und *Hyphaene-Palmen* ragen hoch in den wolkigen Himmel. Die Menschen nutzen alle Teile dieser Pflanze. Ihr Saft wird zu einem süßen, berauschenden Wein vergoren, und aus den Blättern flicht man widerstandsfähige Körbe und Matten.

183–186 In prächtigen Kostümen aus bemalter Rinde und geschickt verwebten Pflanzenfasern führen Mkishi-Tänzer traditionelle Rollenspiele auf. Die Luvale, die an den Ufern des Sambesi leben, kennen jede dieser Masken und deren Bedeutung. Die Mongole genannte Hyäne verkörpert z. B. die Gefahr und das Böse, die Maske Nalindele das widerspenstige Mädchen. Das Dröhnen der Trommeln begleitet diese rituellen Spiele, die besonders die Jünglinge vor der Reifezeremonie mit den Werten der Stammesgemeinschaft bekanntmachen.

Die Feier erreicht ihren Höhepunkt, wenn einer der Tänzer zwei sechs Meter hohe Stangen erklimmt und auf dem dazwischen gespannten kurzen Seil seine halsbrecherische Akrobatik vollführt.

187–189 Mit vorgestreckten Fängen stürzt ein Schreiseeadler in flacher Kurve über die Fluten des Sambesi (187). Wenig später löst er sich mit mehreren kraftvollen Flügelschlägen von der Wasseroberfläche (188) und trägt einen großen Fisch als Beute fort (189). Diese Art der Jagd erfordert Übung, Kraft und Geschick.

214

Vorige Seiten:
190 Die von Flechten bedeckten Felsblöcke der Matobohügel scheinen Riesen aufgetürmt zu haben. Nirgendwo gibt es so viele Kaffernadler wie hier. Sie ernähren sich von den zwischen den Felsen umherhuschenden Klippschliefern.

191,192 Nur wenige archäologische Fundstätten Afrikas gaben zu so ausgefallenen Spekulationen Anlaß wie die Ruinen von Groß-Simbabwe. Inzwischen konnten Archäologen den einwandfreien Nachweis erbringen, daß die Stadt von den Shona erbaut wurde, deren Nachkommen noch heute in diesem Gebiet leben.

Ende des 11. Jahrhunderts übernahmen die Rozwi, ein gut organisierter Shona-Stamm, die Kontrolle über die Hügel von Simbabwe, die den Ortsansässigen schon seit langem als mystische Stätte galten. Von diesen Granitblöcken aus begannen sie ein Königreich aufzubauen, dessen Wohlstand durch den Handel zwischen den Suaheli-Staaten an der Ostküste und den Goldfundstätten in dem von Tsetsefliegen verseuchten Tiefland entstand. Die Rozwi wurden nicht nur reich, sondern auch mächtig. Ihre Stadt wuchs und blühte im Schutz ihrer wuchtigen, kunstvoll errichteten Granitmauern.

Angesichts derartiger Erfolge stellt sich die Frage: Warum verfiel das Reich der Rozwi? Die Antwort bringt uns nichts Neues, deckt aber den größeren Rahmen der erschreckenden Folgen auf. Im 15. Jahrhundert bekam die betriebsame Metropole Groß-Simbabwe die Rache der gedankenlos mißbrauchten Umwelt zu spüren: das Goldvorkommen war erschöpft, der Boden durch mißbräuchliche Ausnutzung ausgemergelt, der Salzvorrat verbraucht, das Brennmaterial zum Kochen mußte von weither geholt werden, das Vieh hatte die Umgebung gänzlich abgeweidet. Groß-Simbabwe war den Ansprüchen der Rozwi nicht mehr gewachsen, und heute mahnen Ruinen schweigend vor menschlicher Torheit und Ausbeutung.

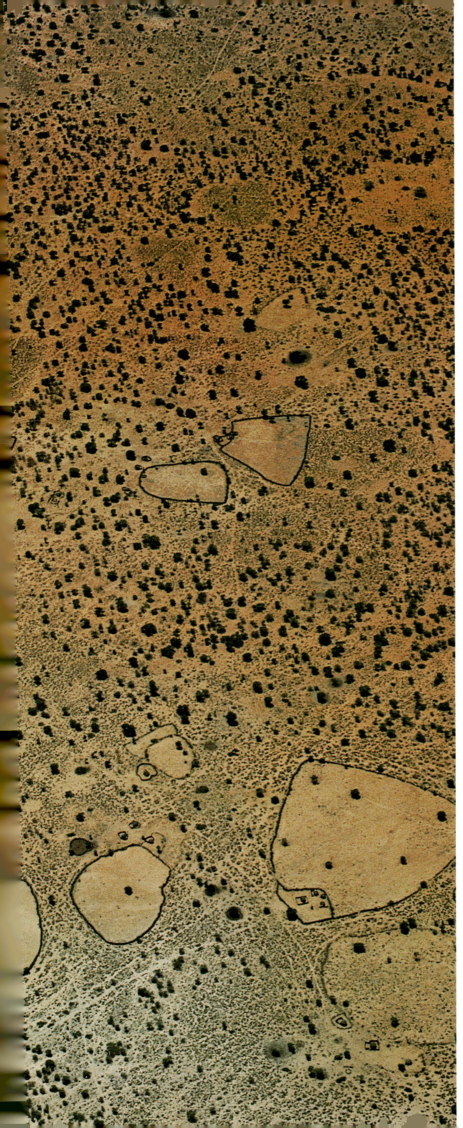

193 Im Schutz solcher mit Dornverhauen umgebenen Krale verbringen die Viehherden in der sandigen Kalahari die Nacht. Innerhalb der Umzäunung ist jeder Grashalm abgefressen; außerhalb sieht es kaum besser aus. Nur verlassene Krale zeigen stärkeren Bewuchs, den der angesammelte Dung begünstigt hat.

Die unfruchtbare Kalahari ist das größte zusammenhängende Sandgebiet der Welt. Die Sandschicht bedeckt fast ein Drittel des südlichen Afrika und ist stellenweise 100 Meter tief.

Folgende Seiten:

194 Obwohl Botswana vorwiegend aus Halbwüste besteht, findet sich im Landesinneren ein ausgedehntes Sumpfgebiet, das etwa 16 000 Quadratkilometer große Okavango-Delta. Der erfolglose Versuch des Okavango, den weitentfernten Indischen Ozean zu erreichen, endet auf seinem Weg nach Osten im Kalaharisand. Zuvor aber fächert sich der Fluß in ein Gewirr von Seitenarmen, die dicht mit Papyrus und anderen Wasserpflanzen bewachsen sind.

Bis zum heutigen Tage erwies sich die Tsetsefliege als natürlicher Beschützer des Okavango-Deltas, denn sie überträgt die Schlafkrankheit auf die Menschen und die tödliche *nagana* auf die Rinder. Doch inzwischen hat mit Pestiziden ein Großangriff auf die Fliege begonnen. Bald wird das Okavango-Gebiet für eine Weiterentwicklung erschlossen sein.

Die Sümpfe bedeuten den Menschen dieses Trockenlandes viel, und es gibt etliche Wünsche und Pläne zur Nutzung des Wassers. Man könnte Leitungen zur Wasserversorgung weitentfernter Kohlen- und Diamantbergwerke legen; Bewässerungskanäle würden die Kalahari in einen Garten verwandeln, und die entwässerten Sümpfe ergäben neue Weideflächen.

Die Verwirklichung solcher Pläne könnte sicherlich vielen menschlichen Interessen dienen; dennoch sollte man die warnenden Stimmen der Umweltschützer nicht überhören, die sich für eine nur begrenzte und wohlüberlegte Nutzung des Okavangowassers aussprechen. Das Ökosystem eines Inlanddeltas ist äußerst komplex und Eingriffen gegenüber sehr verletzlich. Ähnlich dem tropischen Regenwald sind diese Sümpfe längst nicht so fruchtbar wie sie erscheinen, denn die vorhandenen Nährstoffe bleiben innerhalb des natürlichen Kreislaufs des bestehenden Systems gebunden. Dabei gibt es keinen Überschuß, den man abzweigen könnte, ohne damit zugleich das gesamte Ökosystem des Deltas nachhaltig zu zerstören. Äußerste Behutsamkeit in der Nutzung ist also vonnöten.

221

195 Hambukushu-Frauen steuern ihr Kanu zum Fischen zwischen die hohen Papyrusstauden. Das Okavango-Delta ist eines der letzten Paradiese Afrikas. Hier tummeln sich Flußpferde in kristallklarem Wasser, Elefanten brechen unerwartet durch das Ried, die letzten Fluß-Buschmänner folgen versteckten Pfaden, und die ebenso scheue Sitatunga-Antilope äst auf sumpfiger Weide.

196 Einige Frauen stellen ihre Fischreusen dicht an dicht ins Wasser, während andere die Fische von weiter flußaufwärts in die Fallen treiben.

197 Ein vier Meter langes Krokodil-Weibchen starrt erbost auf alles, was in ihr Revier eindringt. Trotz bestehender Jagdbeschränkungen haben Krokodiljäger viele besonders große Tiere erlegt. Aus den Häuten stellt man Geldbörsen, Handtaschen und modisches Schuhwerk her. So hat auch hier der Raubbau an der Natur eingesetzt.

Rottet man aber die Krokodile aus, stört man das natürliche Gleichgewicht, noch ehe man die Zusammenhänge voll verstanden hat.

198 Arrogant und hochmütig blickt ein Gepard auf den Störenfried, der es wagt, ihn vom Mittagschlaf aufzuschrecken.

199 Die Kalahari ist keine Wüste im eigentlichen Sinn, sondern ein Trockengebiet, in dem nur Kreaturen überleben können, die sich an die unerbittlichen Naturbedingungen angepaßt haben. Ein gutes Beispiel dafür bietet die Oryx-Antilope, die man wegen ihrer lanzengeraden Hörner auch Spießböcke nennt. Sie nährt sich vorwiegend von wasserspeichernden Pflanzen und äst während der kühlen Nacht. Dadurch nutzt sie die Feuchtigkeit, die die Pflanzen sonst in der sengenden Hitze des Tages selbst verbrauchen.

Ebenso lästig wie der Wassermangel ist die Hitze, und die spärlichen Zweige der wenigen Bäume bieten kaum Schatten. So bleibt die Oryx-Antilope der vollen Sonnenstrahlung ausgesetzt. Ihr großer graubrauner Körper nimmt dabei soviel Hitze auf, daß die hohe Bluttemperatur die Gehirnzellen eigentlich zerstören müßte. Die Natur aber fand einen Ausweg: auf seinem Weg ins Gehirn durchläuft das Blut zuerst ein besonderes Kühlsystem aus feinsten Äderchen in der Nase.

Folgende Seiten:

200 Keine Giraffe gleicht im Fellmuster der anderen, aber der lange Hals ist allen gemeinsam. Er entwickelte sich als Anpassung an das Fressen von Blattwerk. Geschickt und wählerisch pflücken die Giraffen mit ihren spitzen Lippen die Blätter zwischen den Dornen der Baumkronen heraus. Werden sie aufgescheucht, verfallen sie in ihren typischen schaukelnden Galopp, der sie rasch über die Ebene trägt.

198 199

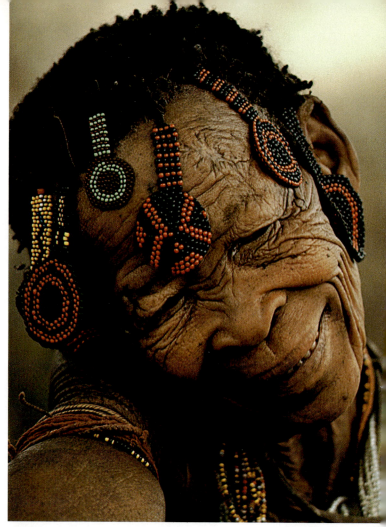

201 Die Entbehrungen eines langen Lebens in der Kalahari, aber auch die kleinen Freuden des Alltags haben das Gesicht dieser Buschmannfrau gezeichnet. Ihr in der Jugend goldener Hautton dunkelte im Laufe der Jahre zu einem Nußbraun.

In der Kalahari leben heute kaum noch tausend Buschmänner wie ihre Vorfahren als Jäger und Sammler. Die meisten ihrer Stammesbrüder haben dieses Leben aufgegeben.

Ihr Äußeres unterscheidet sie deutlich von anderen Rassen. Honigfarbene Haut, hervortretende Backenknochen und schrägliegende Augen ließen vermuten, die Buschmänner seien mongolischer Abstammung. Genetische Forschungen erbrachten aber nicht nur den Beweis, daß Schwarze und Buschmänner denselben Ursprung haben, sondern auch die Feststellung, daß die afrikanischen Buschmänner wahrscheinlich dem Prototyp des Menschen noch am meisten entsprechen.

202 Am vorangegangenen Tag haben die Männer eine Giraffe erlegt. Nun beherrschen Lachen und Zufriedenheit das kleine Buschmannlager im Inneren der Kalahari. Fleisch, das nicht sofort verzehrt wird, schneidet man in Streifen und hängt es zum Trocknen auf eine Stange (rechts im Bildhintergrund).

Und was wird die Zukunft bringen? Schon heute werden die letzten als Jäger und Sammler lebenden Buschmänner unweigerlich in den Bannkreis anderer Kulturen gezogen und verlieren in zunehmendem Maße ihre eigene Identität.

203 In einer schattigen Felsspalte mit einer verborgenen Quelle ruht ein Buschmann-Jäger ein wenig aus und füllt seinen Wasserbehälter auf.

201
202

204 Mit Grabstöcken und Fellsäcken ausgerüstet, machen sich Buschmannfrauen am frühen Morgen auf die Suche nach eßbaren Wildpflanzen. Wenngleich sie genau die Stellen kennen, an denen bestimmte Pflanzen zu finden sind, halten sie jedoch stets auch auf dem Weg dorthin nach möglichen Ergänzungen ihres Speisezettels Ausschau, der ohnehin weitgehend vegetarisch ausgerichtet ist.

Wahlloses Suchen nach Nahrung hieße, Kraft zu vergeuden, und das kann man sich hier nicht leisten. Genaueste Kenntnis des eigenen Reviers und seiner natürlichen Schätze läßt die Frauen schon bald schwer beladen mit Früchten, Nüssen und Knollen ins Lager zurückkehren.

In der einzigartigen Vertrautheit des Buschmannes mit seinem Lebensraum liegt der Schlüssel für sein Überleben. Als zunächst schwarze Viehzüchter und dann viel später die Weißen ins südliche Afrika eindrangen, mußte der Buschmann seine angestammte Heimat gegen zahlenmäßig und waffentechnisch überlegene Gegner verteidigen. Er kämpfte mutig, doch blieb ihm schließlich nur der Rückzug in die Berge und die dornbuschbestandene Kalahari, wo einige seines Stammes bis zum heutigen Tag überlebten. Die Zahl der Buschmänner, die noch als Jäger-Sammler leben, wird immer geringer.

205 Im Schutz des Unterholzes warten Buschmänner auf eine günstige Gelegenheit, mit ihren Giftpfeilen einen jungen Kudubullen zu erlegen, den sie sich aus der äsenden Herde ausgewählt haben. Erreichen die schwirrenden Pfeile das Opfer, beginnt die langsame Wirkung des Gifts. Nach etwa 18 quälenden Stunden – und viele Kilometer weiter – wird der Kudu sterben. Dann zerlegt man das Tier an Ort und Stelle und trägt das Fleisch zum Lager, wo alle 40 Sippenmitglieder etwas davon erhalten. Jeder weiß genau, welcher Teil der Beute ihm zusteht.

Das Miteinander-Teilen bildet die kulturelle Grundlage der Buschmanngesellschaft. Es entstand aus der Erkenntnis, daß der Einzelne in der Einsamkeit der Kalahari weder physisch noch psychisch überleben könnte. Früher verachtete man Buschmänner, weil ihr Leben als Jäger und Sammler in keiner Weise auf materiellen Gewinn ausgerichtet ist. Inzwischen haben Soziologen jedoch festgestellt, daß der Buschmann innerhalb seiner Sippe einen hohen Grad an sozialer Harmonie und persönlicher Geborgenheit erhält und sich damit dem klassischen Ideal der Selbstzufriedenheit nähert, das dem Menschen in technisch höher entwickelten Gesellschaften weitgehend fehlt.

206 Auch Strauße sind in dieser Trockenlandschaft zu Hause. Seit Jahrtausenden nutzen die Buschmänner die Eier dieser Großvögel. Der Inhalt eines Straußeneies entspricht der Menge von 24 Hühnereiern. Er wird in einer mit Glut gefüllten Vertiefung zu einem Omelett gebacken, das aufgrund eines Tabus nur von Kindern und alten Leuten gegessen werden darf. Unbeschädigte Eierschalen benutzt man gelegentlich als Wasserbehälter, die man im Sand vergräbt. In Notzeiten ist der Buschmann auf diese versteckten Vorräte angewiesen. Beschädigte Schalen werden in Stücke gebrochen, zu kleinen weißen Scheibchen geschliffen und dann zu Ketten aufgezogen.

207 Schlangen bedeuten in Afrika längst keine so große Gefahr, wie Europäer glauben. Die meisten sind von Natur aus passiv und scheu und gleiten lieber unbemerkt davon, als ein größeres Tier zum Angriff zu reizen. Diese im Sand lebende und so gefährlich aussehende Schlange ist völlig harmlos, denn sie frißt vor allem Eidechsen.

208 Strauße werden größer als Menschen und wiegen gut 100 Kilogramm. Sie sind in Afrika weitverbreitet und erscheinen im alten Ägypten als Hieroglyphen. Das Buch Hiob beschreibt bereits ihre Lebensweise.

209 Die Dämmerung ist nur kurz im größten Teil Afrikas, und die Nacht bricht schnell herein. Hier scheint die Sonne noch einen Augenblick zu zögern, bevor sie hinter dem riesigen Affenbrotbaum verschwindet.

Dieser für die heißen, trockenen Tiefländer Afrikas so typische Baum taucht in der Mythologie vieler afrikanischer Völker auf. Die Buschmänner erzählen, der Schöpfer hätte den Affenbrotbaum nach der Erschaffung der Welt mißbilligend aus seinem Garten hinausgeworfen. Dabei sei der Baum mit der Krone im Sand steckengeblieben und strecke seither seine Wurzeln himmelwärts.

Auch die Schwarzen im südlichen Afrika verehren diesen Riesenbaum, obwohl er in der Heimat ihrer Vorfahren, dem regenreichen Seengebiet Zentralafrikas, nicht vorkommt. Vor über 2000 Jahren begann – vermutlich durch Überbevölkerung ausgelöst – die Ausbreitung der bantusprachigen Völker nach Osten und Süden, wo sie neue Weiden und fruchtbares Ackerland suchten.

Obwohl oft von einer „schwarzen Völkerwanderung" gesprochen wird, verlief diese südwärts gerichtete Landnahme nur langsam und recht planlos. Als Viehhalter suchten die Schwarzen das Gras der Savannen ebenso wie ausreichende Tränken. Zugleich mußten sie die feuchteren tsetseverseuchten Gebiete meiden, wenn sie nicht das Risiko eingehen wollten, einen Teil ihrer Rinder durch die gefürchtete *nagana* zu verlieren, die von der Tsetse verbreitet wird. Die Schwarzen waren aber nicht allein Hirten. Rund um ihre Siedlungen trieben sie Brandrodung und bauten Sorghum, Hirse, Bohnen und Kürbisse an. Das Bearbeiten der Felder und Gärten war Aufgabe der Frauen. Mit der Zeit nahm die Einwohnerzahl einer solchen Siedlung so stark zu, daß der ohnehin bereits erschöpfte Boden die Leute nicht mehr ernähren konnte. Also zog man weiter südwärts, wo ungenutztes Land wartete.

Zu Beginn des 12. Jahrhunderts erreichten die Bantusprachigen den Kei-Fluß im heutigen Südafrika und besiedelten die zentralen und östlichen Teile des Subkontinents, wo es genügend Wasser gab. Andere Gruppen zogen durch das heutige Sambia am Sambesi und Okavango-Delta entlang bis zur Westküste.

210 Himba-Frauen benutzen ein Gemisch von Butter und Ocker-
farbe als Kosmetikum und unterstreichen ihre Reize durch den
Duft von Wüstenmyrrhe. Ein gefaltetes Stück Ziegenfell bildet den
Kopfschmuck verheirateter Frauen. Die Himba leben nicht weit
von der Atlantikküste entfernt in der Halbwüste des nördlichen
Namibia und halten sich noch streng an die Traditionen ihrer bantusprachigen Vorfahren.

211, 212 Ein Himba-Mann und eine Himba-Frau tanzen auf
einem nächtlichen Fest. Rhythmisches Händeklatschen und der
drängende Gesang der Frauen stacheln sie an.

213–215 Die Kleidung verrät die Vorliebe der Himba für Schmuck und ihr Verhältnis zu Rindern. Ein junger Mann schmückt sich mit den Hörnern eines Steinböckchens (213), ein anderer, etwas älterer, trägt stolz die vier Ohren der Kälber, die sein Vater ihm zu Ehren bei den Mannbarkeitsriten schlachtete (214). Die Frauen schätzen die großen Muscheln, die, an langen Lederbändern um den Hals getragen, zwischen den Brüsten hängen. Die weiteren Ketten dieser Frau (215) bestehen aus Kupferdraht und Perlmuttsplittern.

216 Eine Himba-Frau hält beim Melken ein Kalb mit einem langen Stock vom Euter fern.

Wie die Massai bleiben auch die Himba bei ihrem Hirtendasein, obwohl ihr Land dazu längst nicht mehr ausreicht. Bewegungsfreiheit und große Weideflächen gehören zur Lebensgrundlage eines Hirtenvolkes, doch heute sind die Himba auf ein festgelegtes Territorium innerhalb Namibias beschränkt. Da aber die zahlenmäßige Größe einer Herde das Ansehen ihres Besitzers bestimmt, hat man die Herden ohne Rücksicht auf die verfügbaren Weiden vergrößert und damit das Land hoffnungslos überweidet.

Anpassungsfähigkeit war stets einer der Schlüssel für menschliches Überleben. Die Himba von heute stecken jedoch in einer Sackgasse. Ihr Vieh ist in schlechtem Zustand, ihre Umwelt verfällt, und als einziger Ausweg bliebe ihnen eine Änderung ihrer Lebensweise. Doch gerade dadurch gäben sie die Besonderheiten und Wertnormen auf, die ihre Identität ausmachen.

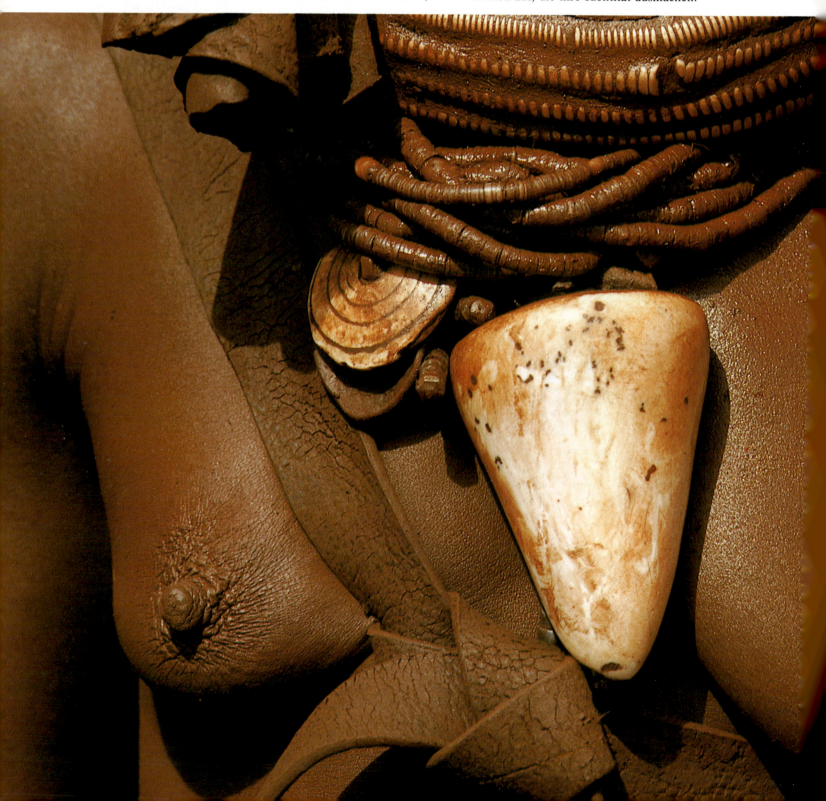

217 Inmitten der Wüste Namib verrät ein grünes Band von Vegetation den Verlauf des Flusses Kuiseb. Sein Bett ist nicht immer ausgetrocknet. In unregelmäßigen Zeitabständen – oft erst nach jahrelanger Pause – schickt er seine Wasser als reißende Flutwelle talwärts und spült allen Sand fort, der sich durch den Vormarsch der Wanderdünen (rechts) angesammelt hat. Er bildet so eine wirksame Grenze zwischen dem südlichen Dünenland und den eintönig grauen Geröllebenen im Norden (links).

Die Namib war schon zu vorgeschichtlicher Zeit Wüste und hat viele Gesichter. Am eindrucksvollsten ist das 300 Kilometer lange Dünengebiet südlich des Kuiseb. Hier seufzt und ächzt der Wind ruhelos und treibt den Sand hin und her.

Doch eines unterscheidet die Namibdünen von denen der Atacama, der Baja, der Arabischen Wüste und allen anderen Wüsten der Welt: Hier lebt eine überraschende Vielzahl von Tieren, die sich in einzigartiger Weise an die zahlreichen, jeweils unterschiedlichen Lebensräume dieser Wüste angepaßt haben. Die scheinbar leblose Dünenwelt ist die Heimat fremdartiger Käfer und Spinnen und seltsamer nachtaktiver Reptilien, knallroter Skarabäen, Schlangen und Skorpionen, Eidechsen mit Schwimmhäuten zwischen den Zehen und scheuen, goldfarbenen Maulwürfen. Sie alle können dort leben, weil an durchschnittlich jedem fünften Tag ein kühler Nebel vom Meer her aufsteigt und die Wüste bis zu 50 Kilometer landeinwärts bedeckt. Man hat erst jetzt herausgefunden, wie bewundernswert sich manche Tiere angepaßt haben, um diese geringe Feuchtigkeit zu nutzen, sie „trinken aus der Luft".

An kühlen, nebligen Morgen kommt z. B. ein schwarzer, daumennagelgroßer Käfer aus dem Sand und krabbelt mühevoll bis zum Dünenkamm empor. Dort macht er sozusagen einen Kopfstand und streckt die Hinterbeine und das gesamte Hinterteil hoch in die feuchte Luft. Allmählich bilden sich kleine Tröpfchen und laufen den Rücken hinab, dem Käfer direkt in den Mund. Wenn im Laufe des Vormittags die Sonne durchdringt, hat der Käfer längst im Sand Schutz vor der Hitze gesucht. Am Spätnachmittag dagegen kommt er wieder hervor, um winzigen organischen Teilchen nachzujagen, die der Wind aus fruchtbareren Landesteilen im Osten herangeweht hat. Dieser Käfer ist nur eines der zahlreichen Tiere, von denen wir inzwischen wissen, daß sie die lebensnotwendige Feuchtigkeit direkt aus dem Nebel beziehen und sich von organischem Staub ernähren, den der Wind heranträgt. Die vielen anderen Tiere der Namib, die das nicht können, müssen sich wiederum von denen ernähren, die die Fähigkeit dazu besitzen.

Es verwundert, daß ähnliche Anpassungen nicht auch in anderen Wüsten der Erde vorkommen, denn nicht allein die Namib bietet Sanddünen, Nebel und trockenen Landwind als Voraussetzungen. Der Grund für das Bestehen einer so vielfältigen Flora und Fauna in der Namib liegt offensichtlich nicht an den genannten Faktoren, sondern an der Abgeschiedenheit und dem Alter dieser Wüste. Seit Ewigkeiten ist die Namib schon Wüste. Diese ununterbrochene Trockenheit hielt Tiere anderer Lebensbereiche fern, es war eine stabile unveränderliche Welt, in der sich eine hochspezialisierte Tier- und Pflanzenwelt entwickeln konnte.

222 Der Levubu-Fluß zwängt sich durch grandiose Schluchten, bevor er die Ebene erreicht, wo er in den Limpopo mündet. Diese unberührte Landschaft wird noch von der Tsetsefliege beherrscht.

Da große Teile Afrikas unter Trockenheit leiden, bestimmt das Vorhandensein von Wasser, wo Menschen leben und was sie anbauen können. Doch paradoxerweise verhindern gerade in feuchten und besonders fruchtbaren Gebieten Afrikas winzige Überträger von oft tödlichen Tropenkrankheiten wie Malaria, Bilharziose, Darmbluten *(Ankylostomiasis)*, Erblinden und Schlafkrankheit menschliche Ansiedlungen.

In den vergangenen 50 Jahren hat die Wissenschaft ein ganzes Arsenal von Bekämpfungsmitteln gegen die Plagegeister, die diese Krankheiten übertragen, und von Medikamenten gegen die Krankheiten selbst entwickelt. Die bisher damit gemachten Erfahrungen sind ermutigend, früher ungenutztes Land kann nun die rasch wachsende Bevölkerung ernähren.

Auf lange Sicht könnten sich jedoch Nachteile einstellen. So hat das Versprühen von DDT bereits großen Schaden angerichtet. Es besteht auch die Gefahr, daß der Mensch die kaum spürbare Grenze zwischen Anbau und Raubbau bei neuerschlossenem Land überschreitet, noch ehe es ihm voll bewußt ist.

223 Der Weißrückengeier erfüllt als typischer Aasfresser eine wichtige Aufgabe im afrikanischen Busch.

224 Fressen und nicht gefressen werden – das ist die Grundformel für das Überleben. Hier verschlingt eine Schlange eine rote Kröte, die sie vorher durch ihren Giftbiß lähmte.

225 Eine Herde Flußpferde grunzt und schnauft im Levubu-Fluß. Mit Einbruch der Dunkelheit verlassen die riesigen Tiere das Wasser und gehen auf Nahrungssuche. Mit ihren breiten Mäulern rupfen sie das Gras in Flußnähe ab.

Das Flußpferd ist seiner amphibischen Lebensweise hervorragend angepaßt. Sein massiger Körper ist unbehaart und seine Nasenlöcher liegen besonders weit oben und können beim Tauchen, das bis zu fünf Minuten dauert, geschlossen werden.

226 Die Nährstoffe, von denen die Tiere der Savanne leben, befinden sich in einem ständigen Kreislauf, bei dem auch dem Sterben eine natürliche Aufgabe zukommt. Der Löwe, der hier an einem gerissenen Büffel nagt, ist als Fleischfresser Teil dieses Ökosystems. Mit seinen Exkrementen und schließlich seinem verwesenden Körper erhält der Boden die Nährstoffe zurück, die der grasende Büffel ihm einst entzog.

In der Natur gibt es keine wertlosen Abfälle. Ist der Löwe gesättigt, beenden Aasfresser und winzige Organismen seine Arbeit. Knochen- und Zellgewebereste verwandeln sich schließlich zurück in die chemischen Grundstoffe, und der Lebenskreislauf beginnt erneut über die Wurzeln von Pflanzen.

227 Junge Bären-Paviane spielen unter sorgsamer Aufsicht eines ausgewachsenen Tieres.

Folgende Seiten:
228 Von einer Dampflokomotive gezogen, rollt ein Zug durch die verschneiten Drakensberge der Ostküste entgegen.

226 227

253

229 Mit Kleinkindern auf dem Rücken und schweren Lasten auf dem Kopf kommen Sotho-Frauen von einem Krämer, dessen Laden kilometerweit von ihrem Dorf entfernt liegt.

230 Not macht erfinderisch. Dieser Sotho-Junge trägt Schuhe, die aus einem Autoschlauch hergestellt sind.

231 Die Vorfahren dieser Jugendlichen kamen vor über 1600 Jahren nach Südafrika. Kulturell und sprachlich gehören sie zu den Völkern, die man als bantusprachig bezeichnet und die einst in einer Art „Völkerwanderung" aus dem Norden kamen.

229

230 231

232 Der Tugela plätschert gemächlich an einer „Amphitheater"
genannten Felsgruppe der Drakensberge vorbei. Dieser über 1000
Kilometer lange Gebirgszug verläuft parallel zur Ostküste. Er bildet das Quellgebiet aller Hauptflüsse Südafrikas; einige fließen in
östlicher Richtung zum nahen Indischen Ozean; der mächtigste
Fluß, der Oranje, wendet sich nach Westen und legt von hier aus
2250 Kilometer zurück, um schließlich in den kalten Gewässern
des Atlantik zu münden.

233 Schnee bedeckt Giant's Castle in den Drakensbergen. Im Frühjahr fließt das Schmelzwasser einigen wenigen Flüssen zu. Sie sind der Lebensquell dieses trockenen Landes, das nur etwa zur Hälfte ausreichenden Niederschlag erhält. So herrscht in Südafrika ständig Wassermangel. Selbst in den verhältnismäßig feuchten östlichen Landesteilen folgen auf Überschwemmungsjahre oft lange Dürrezeiten. Je weiter man nach Westen kommt, desto geringer wird der Niederschlag, bis die Landschaft nahe der Atlantikküste schließlich in Wüste übergeht.

259

234 Ein Zulu-Häuptling, dessen hohen Rang man an dem Leopardenfell erkennt, nimmt an einem Shemba-Fest teil.

Zu Beginn des 19. Jahrhunderts schmiedete Häuptling Shaka mit militärischem Einfallsreichtum mehrere entfernt verwandte Stammesgruppen zu einer schlagkräftigen Truppe zusammen, wie sie Afrika nie zuvor gekannt hatte. Stämme, die sich dem Joch der Zulu widersetzten, wurden entweder zerschlagen oder mußten vor Shakas hervorragend ausgebildeten *impis* (Kampfeinheiten) flüchten. Historisch betrachtet sind die näheren Umstände bekannt, die zu Shakas meteorgleichem Aufstieg und der daraus folgenden *difaqane* genannten erzwungenen Abwanderung vieler Völker des südlichen Afrika führten; doch inwieweit die aggressiven Unternehmungen der Zulu auch durch Umweltgegebenheiten ausgelöst worden sind, läßt sich nur vermuten. Damals hatte die Wanderung der bantusprachigen Völker nämlich eine natürliche Grenze erreicht, was auch für den weiteren Verlauf der Geschichte Südafrikas bedeutungsvoll werden sollte. Die wie ein Wall wirkende Grenze war der Sundays-Fluß. Die Vegetation jenseits dieses Gewässers eignete sich nicht als Weide, und das regnerische Winterwetter ließ weder Mais noch Sorghum oder Hirse gedeihen. So blieb dieses Land für die Xhosa, die als erste hierher kamen, wertlos. Sie erkundeten es, siedelten dort aber nicht.

Doch der Bevölkerungsdruck nahm ständig zu, ohne daß das nötige Land vorhanden war. Für Shaka und seine Nachfolger muß das Problem des „Volkes ohne Raum" ein wichtiger Beweggrund gewesen sein. Vermutlich verschlimmerten mehrere Dürrejahre die Lage. So ließen Hunger und eine ungewisse Zukunft den Krieg als einen gangbaren Ausweg erscheinen.

In gut zehn Jahren veränderte Shaka die politische Struktur des südlichen Afrikas von Grund auf. Seiner militärischen Aktionen wegen strömten Scharen von Flüchtlingen in alle Himmelsrichtungen und brachten damit Unruhe auch in Gegenden, die von Shakas Machtansprüchen direkt gar nicht betroffen waren.

Wie alle Despoten hatte Shaka auch Feinde. Zu ihnen gehörte sein Halbbruder Dingane, der ihn 1828 ermordete und in den folgenden Jahren die Zulu gegen die Europäer führte, die vom Kap der Guten Hoffnung aus nordostwärts zogen.

Bis fast zum Ende des 19. Jahrhunderts gelang es der tapferen und äußerst disziplinierten Zulu-Streitmacht, ihre militärische Vorherrschaft zu behaupten. Nachdem die Engländer in der Schlacht von Isandhlwana mit dem Verlust von 1600 Mann eine beschämende Niederlage hatten hinnehmen müssen, gab es für die Zulu allerdings keinen Sieg mehr. Dennoch ist ihr einstiges, mit dem Assagai (Wurfspeer) erkämpftes Ansehen im südlichen Afrika unvergessen. Bis heute haben sich die Zulu den Stolz auf ihre Identität erhalten.

235 Eine junge Zulu-Frau beim Wäschewaschen am Fluß.

236 Beim Schlafen benutzt diese Zulu-Frau eine besondere Nakkenstütze, um ihre Frisur nicht zu beschädigen, die unter großer Mühe entstanden ist. Dazu werden die Haare strähnenweise mit Ocker eingefärbt und über einen leichten Holzrahmen gezogen.

237 Ein Zulu-Mann im Festschmuck.

238 Junge Mädchen zeigen ihre farbenfrohen Armbänder, Perlketten und Ohrenscheiben, die in ausgeweiteten Ohrläppchen stecken und heute nur noch selten zu sehen sind.

239 Bei den Zulu schätzt man die Körperfülle als Zeichen der Schönheit. So werden diese jungen Tänzerinnen nicht lange auf Verehrer warten müssen.

240 Ganz dem Gefühl hingegeben, läßt sich eine Frau in den Wellen des Indischen Ozeans taufen.

241 Neue Mitglieder einer afrikanischen Sekte in weiten Gewändern werden zur Taufe in die Brandung geführt. Im südlichen Afrika hat sich das Christentum über alle traditionellen Stammesgrenzen hinweg durchgesetzt und bildet unter den Schwarzen ein gemeinsames Band, das über die alten Familienbindungen hinausgeht.

Es gibt heute in Südafrika ca. 3 000 unabhängige Glaubensgemeinschaften mit weit über vier Millionen Anhängern. Sie verquicken die allgemeine christliche Botschaft mit eindeutig afrikanischer Tradition, aber ihre Bedeutung übersteigt die reine Religiosität. In einem vom Rassenhaß und von der Auflösung bestehender Ordnungen gezeichneten Jahrhundert erwiesen sie sich v.a. in städtischen Siedlungsgebieten als unerläßliches Bindeglied.

240 241

264

242 Im Schein ihrer Grubenlampen bohren diese beiden Männer 2000 Meter unter Tage Sprenglöcher in die goldführende Gesteinsschicht eines der sieben Goldfelder von Witwatersrand.

243 Wie die Kralle eines Riesenvogels sieht dieser Greifer eines Baggers aus, der einen über drei Meter hohen Behälter mit losgesprengtem Gestein füllt. Die 14 Tonnen schwere Last wird dann aus dem unerträglich heißen Stollen an die Oberfläche gebracht.

244 Jenseits der Abraumhalden der Goldbergwerke wächst Johannesburg in die Breite und in die Höhe. Vor knapp einem Jahrhundert wurde hier Gold entdeckt, und diese Funde beeinflußten die Wirtschaft des gesamten Landes entscheidend und nachhaltig. Heutzutage läßt die Bedeutung der Goldförderung nach, da die Gefahr besteht, daß die Herstellungskosten die auf dem internationalen Bullionmarkt gezahlten Preise übersteigen.

Die südafrikanische Montanindustrie umfaßt etwa 40 große

242

243 244

Goldbergwerke und 20 kleinere die gemeinsam fast 600 Tonnen Gold im Jahr erbringen. Die Goldreserven schätzt man auf 20 000 Tonnen, also fast die Hälfte der Weltreserven.

Tagtäglich gehen ungefähr 400 000 Bergarbeiter unter Tag, um dieses Edelmetall zu fördern. Es ist ein schweres Leben. Manche Bergwerke sind außerordentlich tief – wie die Western Deep Levels, deren Tiefbau fast vier Kilometer ins Erdinnere vorstößt – und die Arbeit unter Tag ist fast immer beschwerlich, manchmal sogar gefährlich, obwohl strenge Sicherheitsvorkehrungen getroffen werden (so kann u.a. der gewaltige Druck, der zur Goldgewinnung erforderlich ist, den berüchtigten „Bruch'' im Gestein verursachen). Häufig ist der Schacht oder die Strosse kaum mehr als ein Meter hoch, die Hitze und Luftfeuchtigkeit sind fast unerträglich. Infolge der schmalen Flöze erfordert der Streckenvortrieb größtenteils Handarbeit, doch verdrängt die Entwicklung neuer Verfahren und Maschinen allmählich den Arbeiter vor Ort.

245 Xhosa-Hütten klammern sich an kahle, von Erosion gezeichnete Berghänge; auf denen nichts mehr wächst. Dergleichen trostlose Bilder bestimmen als unausweichliches Ergebnis von Übervölkerung in zunehmendem Maß den Charakter der ländlichen Gebiete Südafrikas.

Als die Xhosa die Südgrenze ihrer Landnahme erreicht hatten, siedelten sie sich in der heutigen Transkei an und bearbeiteten das Land in althergebrachter Weise. Sie bauten ihre Siedlungen an die Berghänge, weil dort das Wasser besser abfließt, und legten in den Tälern Äcker an. Weiden, Äcker für den Getreideanbau und die Flächen für die Gemüsegärten der Frauen wurden ihnen von den Häuptlingen zugewiesen, die bei der Verteilung durchaus auch Gesichtspunkte beachteten, die wir heute als Umweltschutz bezeichnen würden. Das System der Landverteilung hatte sich bei den meisten bantusprachigen Stämmen im Laufe ihrer langen Völkerwanderung gut bewährt.

Auf dem für Ackerbau vorgesehenen Land brannten die Frauen die ursprüngliche Vegetation nieder und brachten dann die Saat ein. Da die Böden in Afrika aber nur selten reich an Nährstoffen sind, nahmen die Erträge nach zwei oder drei Jahren so stark ab, daß die alten Felder aufgegeben und neue angelegt wurden. Es dauert oft viele Jahre, bis die ausgelaugten Felder ihre einstige Fruchtbarkeit wiedererlangt haben und erneut beackert werden können.

Um diese Art der Landnutzung erfolgreich durchzuführen, brauchte man große Ländereien, und die hatten den bantusprachigen Völkern bisher immer zur Verfügung gestanden. Darüber hinaus erbrachte das Verfahren die maximale Ausnutzung der Ressourcen, und zwar bei wesentlich geringerem Arbeitseinsatz als bei der intensiven Bewirtschaftung notwendig gewesen wäre. Inzwischen haben sich jedoch diese Voraussetzungen geändert. Heutzutage übervölkern Millionen die sogenannten ehemaligen Homelands, und aus der Aufnahme geht hervor, daß sich die bewährten Methoden der afrikanischen Kleinbauern unter diesen Umständen nicht mehr anwenden lassen. Nach der gänzlichen Abweidung des Gebiets wurde obendrein die Ackerkrume vom Regenwasser weggeschwemmt, und für die Kochstelle holzte man jeden Baum und Strauch ab, so daß der Erosion kein natürlicher Einhalt mehr geboten wird.

246 Eine alte Frau aus dem Mündungsgebiet des Umngazi-Flusses verwebt Gräser zu Schlafmatten.

247 Xhosa-Frauen tragen Wasser von einer nahegelegenen Quelle nach Hause. Ihre ockerfarbenen Umhänge sind keine traditionellen Kleidungstücke, diese Wolldecken wurden erst von Europäern eingeführt. Früher kleideten sich Xhosa-Frauen in Tierhäute wie noch heute die Himba in Namibia.

246
247

248 Die Mannbarkeitsriten anderer Völker mögen uns fremd anmuten, doch auch bei uns gibt es Vergleichbares. Wir schicken Jugendliche zum Militär, damit „Männer aus ihnen werden". Bei den Xhosa – wie bei den meisten Bantusprachigen – gehört die Beschneidung zu diesen Riten. Hier ziehen verhüllte Jungen kurz nach der Beschneidung im Morgengrauen zum Waschen an den Fluß. Als symbolische Waffen tragen sie ihre Kampfstöcke.

249 Ein wesentlicher Bestandteil der Mannbarkeitsriten ist bei den Xhosa die Absonderung der *abakwetha* genannten Jungen von der Gemeinschaft. Ihre Gesichter werden weiß angemalt, und drei Monate lang leben sie in einer abgelegenen Hütte.

250 Dieser *abakwetha* befindet sich in der Übergangsphase vom Kind zum Mann. In vielen Gegenden kann man inzwischen auch durch ein Jahr Bergwerksarbeit seine Mannbarkeit beweisen.

Folgende Seiten:
251, 252 Der prächtige Schmuck der Xhosa-Frauen, die sich noch in traditioneller Weise kleiden.

248
249 250

Vorige Seiten:

253 Wolken lassen in der ausgedörrten Großen Karoo auf langersehnten Regen hoffen.

Als die Europäer vom Kap der Guten Hoffnung aus die ersten Bergketten überwanden und weiter ins Landesinnere vordrangen, fanden sie eine in Klima und Vegetation ebenso abweisende Landschaft vor wie schon vor ihnen die Xhosa auf ihrer südwärts gerichteten Wanderung. Das war die Große Karoo, eine weite wasserarme Hochfläche. Fossilienfunde verraten jedoch, daß es hier einst einen riesigen Inlandsee gab.

254 Die sorgsam geweißte, von herbstlichen Rebstöcken umgebene Hütte eines Landarbeiters zeugt vom Einfluß der Holländer, die das Kap der Guten Hoffnung vor über 300 Jahren kolonisierten. Aus der ersten kleinen Versorgungsstation für europäische Ostindienfahrer entwickelte sich nach und nach die weiße Besiedlung Südafrikas.

Ursprünglich waren die Weißen an der Südspitze Afrikas Akkerbauern und Viehzüchter. Ihr leidenschaftlicher Drang nach Unabhängigkeit ließ sie bald ins Hinterland ausweichen, um so dem Einfluß europäischer Ränke zu entgehen. Die Siedler suchten vor allem nach einer afrikanischen Heimstatt für sich und ihre Kinder, doch dafür brauchten sie Wasser und Weideland. So umgingen sie die Große Karoo und zogen nordostwärts, bis sie den Fluß Kei erreichten. Jenseits dieses Flusses lagen die satten Weiden, die zu finden man gehofft hatte. Doch damit wurden die Auseinandersetzungen mit den schwarzen Viehhaltern unvermeidlich.

Später wiederholte sich die Konkurrenz um Ressourcen, vornehmlich um Landbesitz. Selbst heute, wo die afrikanischen Völker ihren Platz an den politischen Schaltstellen einnehmen, hat sich die Fragestellung nicht geändert: wie soll die Vermögensverteilung in Südafrika vor sich gehen, wie soll sie durchgesetzt werden?

Folgende Seiten:

255 Eine Luftaufnahme von dem nach Sir Francis Drake „schönsten Kap der Welt". Sie zeigt das Zentrum von Kapstadt mit dem Tafelberg in der Bildmitte und das afrikanische Festland zur Linken, während sich die Kap-Halbinsel mit dem 50 Kilometer entfernten Kap der Guten Hoffnung bis weit in den Bildhintergrund erstreckt.

254

Quellenverzeichnis

Adepoju, A.: 'Migration and Development in Tropical Africa: Some Research Priorities', *African Affairs* April 1977, Bd. 76, Nr. 303
Adepoju, A.: 'Population Policies in Africa: Problems and Prospects', *African Affairs* Okt. 1975, Bd. 74 Nr. 297
Allan, W.: *The African Husbandman,* Oliver & Boyd Ltd. Edinburgh 1965

Baker, J. R.: *Race,* Oxford University Press, London 1974
Boudet, J.: *Man and Beast; A Visual History,* Bodley Head, Engl. Übersetzung 1964
Buxton, D.: *The Abyssinians,* Thames & Hudson, London 1970

Choshniak, J. & Shkolnik, A.: 'Rapid rehydration in the Black Bedouin Goat: Red blood cells fragility and role of the rumen', *Comp. Biochem. Physiol.,* Pergamon Press, England 1977
Cloudsley-Thompson, J. L.: *Animal Conflict and Adaptation,* Blackie, Glasgow 1965
Cloudsley-Thompson, J. L.: *Man and the Biology of Arid Zones,* Arnold, London 1977
Coe, M. J.: *The Ecology of the Alpine Zone of Mount Kenya,* Uitgeverij Dr. W. Junk, Den Haag, 1967
Cutkind, P. C. W.: *Urban Anthropology,* Van Gorkum & Camp. B. V. Assen, Niederlande 1974

Davidson, B.: *Old Africa Rediscovered,* Longman Group Ltd, London 1970
Davidson, B.: *The Africans: An Entry to Cultural History,* Penguin Books, London 1973
Delany, M. J. & Happold, D. C. D.: *Ecology of African Mammals,* Longman Group Ltd, London 1979
Denyer, S.: *African Traditional Architecture,* Heinemann Educational Books Ltd, London 1978

Fage, J. D.: *A History of West Africa,* Cambridge University Press, London 1969
Faris, James C.: *Nuba Personal Art,* Duckworth, London 1972

Garlake, P. S.: *Great Zimbabwe,* Thames & Hudson, London 1973
Gester, G.: *Churches in Rock, Early Christian Art in Ethiopia,* Phaidon Press Ltd, London 1970
Gibbs, J. L. (Herausgeber): *Peoples of Africa,* Holt, Rinehart and Winston Inc. 1965
Graham, A.: *Eyelids of Morning,* N. Y. Graphics Society, New York 1973
Grindley, John R.: 'The Environment of Southern Africa, Past and Present', Unveröffentlichte Abhandlung, Kapstadt 1978
Grove, T.: 'Desertification in the African Environment', *African Affairs* April 1974, Bd. 73 Nr. 291

Hallet, R.: *Africa to 1875, A Modern History,* The University of Michigan Press, USA 1970
Hance, William A.: *The Geography of Modern Africa,* Columbia University Press, Columbia 1975
Hanks, J.: *A Struggle for Survival: The Elephant Problem,* C. Struik, Kapstadt 1979

Harrison, G.: *Mosquitoes, Malaria and Man: A history of the hostilities since 1880,* John Murray, London 1978
Hopkins, A. G.: *An Economic History of West Africa,* Longman Group Ltd, London 1973
Hull, Richard W.: *African Towns and Cities before the European Conquest,* Norton, New York 1976

Inskeep, R. R.: *The Peopling of Southern Africa,* David Philip, Kapstadt 1978
International Labour Organisation: *Human Dignity, Economic Growth and Social Justice in Changing Africa,* Nairobi Nov.-Dez. 1973
International Planning Parenthood Federation: *Role of Family Planning in African Development,* Nairobi 1968

Leakey, R. L. & Lewin, R.: *Origins,* Macdonald & Jane, London 1977
Lhote, H.: 'Saharan Rock Art', *National History* 69 (9) 1960

Martin, E. B.: *Cargoes of the East,* Hamish Hamilton, London 1978
Martin, P. M. & O'Meara P. (Herausgeber): *Africa,* Indiana University Press, Bloomington and London 1977
Meadows, D. H. et al: *The Limits to Growth,* Pan Books Ltd, London 1972
Monad, Th. (Herausgeber): *Pastoralism in Tropical Africa,* International African Institute, London 1975
Morgan, W. B.: 'Food Supply and Staple Food Imports of Tropical Africa', *African Affairs* April 1977, Bd. 76 Nr. 303
Moss, R. P. & Rathbone, R. J. A. R. (Herausgeber): *The Population Factor in African Studies,* African Studies Assoc. of U. K., University of London Press, London 1975

Oliver, P. (Herausgeber): *Shelter in Africa,* Bony & Jenkins, London 1971

Raven, S.: *Rome in Africa,* Evans Bros, London 1969

Savane, M. A.: 'Fertility and Sex Education in the Third World', *Prospects Quarterly Review of Education,* Bd. V (3) 1975
Sikes, Sylvia K.: *Lake Chad,* Eyre Methuen, London 1972
Simmonds, N. W.: *Bananas,* Longman Group Ltd, London 1966
Smith, Susan E.: 'The Environmental Adaptation of Nomads in the West African Sahel', unveröffentlichte Abhandlung, USA 1973
Spencer, P.: 'Drought and the Commitment to Growth', *African Affairs* Okt. 1974, Bd. 73 Nr. 193

Tobias, P. V. (Herausgeber): *The Bushmen: San hunters and herders of Southern Africa,* Human & Rousseau, Kapstadt 1978

United Nations, Development Programme: *Stemming the River of Darkness: The International Campaign Against River Blindness,* New York 1974

West, M.: *Bishops and prophets in a black city, African independent churches in Soweto,* David Philip, Kapstadt 1975
Wolstenholme, G. E. W. (Herausgber): *Man and Africa,* J & A Churchill Ltd, London 1965

Zeuner, F. E.: *A History of Domesticated Animals,* Hutchinson of London, London 1963